책읽기, 나, 그리고 세상

책읽기, 나, 그리고 세상

초판 1쇄 발행 2016년 8월 29일
초판 4쇄 발행 2021년 3월 2일

지은이 | 홍인숙
펴낸곳 | (주)태학사
등록 | 제406-2020-000008호
주소 | 경기도 파주시 광인사길 217
전화 | 031-955-7580
전송 | 031-955-0910
전자우편 | thspub@daum.net
홈페이지 | www.thaehaksa.com

이 책에 직간접적으로 게재를 허락해 주신 모든 분께 감사드립니다.
저작권자와 연락이 닿지 않아 부득이 허가를 구하지 못한 일부 자료에 대해서는
연락 주시는 대로 적법한 절차를 따르겠습니다.

값 14,000원

ISBN 978-89-5966-941-7 93810

책읽기, 나, 그리고 세상

홍인숙

태학사

머리말

이 책은 대학에 막 입학한 학생들에게 독서에 대한 감각을 일깨워주기 위해 쓴 책이다. '독서에 대한 감각'이라는 말을 쓴 이유는 책을 읽는다는 것도 일종의 '감각'이며, '몸으로 익숙해지는 일'이기 때문이다.

사실 책 읽기는 요즘 학생들에게 그리 익숙한 일이 아니다. 이들에게 가깝고 친숙한 것은 유튜브, SNS, 게임, 스마트폰 같은 매체일 것이다. 그것이 나쁘다고 생각하지는 않는다. 다만 학생들의 삶 가까운 곳에 '책'이라는 오래된 매체도 끼워 넣을 수 있으면 좋겠다고 생각했다. 책은 다른 매체들이 줄 수 없는 그 무엇을 갖고 있기 때문이다.

그것은 '생각'과 '언어'이다. 이 둘을 가지면 사람은 그 전과는 전혀 다른 존재가 된다. 책은 사람을 그렇게 '다른 존재'로 만들어 줄 수 있는 거의 유일한 매체이다.

학생들에게 책을 가까이 느끼게 하기 위해 이 책에서 구상한 방법은 이렇다.

1부는 '책'에 대한 책을 읽어보는 것이다. 책 읽는 방법을 알려주는 책, 책을 너무 좋아했던 사람이 남긴 책, 책 일기를 20년 쓴 사람의 책에서 일부 글을 뽑아 실었다.

2부는 '나'에 대한 책을 읽어보는 것이다. 모든 사람에게 '나'는 세상의 출발점이기 때문이다. '나라는 존재'와 그 주변 '관계'에 대해 생각할 수 있게 하는 책, '나의 욕망'을 제대로 알 것을 권해주는 책을 골라 실었다.

3부는 '세상' 보는 눈을 키워주는 책들이다. 여기서는 우리가 사는 세상에 대한 통찰을 담은 책들을 읽어보도록 했다. 국가와 사회의 역할, 인간과 공동체의 본질, 노동의 가치, 자본주의의 윤리에 대해 생각해 보는 책들을 실었다.

과연 이 한 권의 책을 통해 학생들이 책에 가까워질 수 있을까? 쉽지는 않을 것이다. 그러나 한 학기가 끝났을 때 몇몇 학생쯤은 '스스로 책을 찾아 읽는 사람'이 될 수 있지 않을까 하는 기대 섞인 희망을 가져보았다. 그것이 이 책을 준비하면서 가진 유일한 바람이다.

2018년 1월

홍인숙

차 례

3부 세계

지금 여기, 우리가 함께 살아가는 사회

1부

책

책을
읽는다는 것

1. 책 읽는 방법을 가르쳐 드립니다

모티머 J. 애들러, 『독서의 기술』,

범우사, 2012.

이 책은 '책을 읽는 법'에 대해서 알려주는 '독서법의 고전'이다. 모티머 J. 애들러는 자신이 가르치는 대학의 학생들 중에 제대로 책을 읽을 줄 아는 학생이 몇 없다는 사실을 알고는 충격을 받았다. 철학 교수였던 저자는 자신의 학생들을 위해서 책 읽는 법에 대해 알려주는 책을 쓰기로 마음먹었다.

그렇게 하여 1972년 쓰여진 이 책은 독서의 방법과 기술에 대해서 선생님이 학생에게 강의를 하듯 명료하고 명확한 방식으로 책 읽는 법을 설명해주고 있다. 교재에 인용된 대목은 독서의 네 가지 수준을 알려주는 부분과 효과적인 독서 기술에 대해 설명하고 있는 부분이다.

저자 소개

모티머 J. 애들러(1902~)

뉴욕 출생, 미국의 철학자이자 저술가. 컬럼비아 대학교를 졸업하고 동 대학 교수를 거쳐 시카고 대학교 법철학 교수를 역임했다. 『브리태니커 백과사전』 편집장, 아스펜 인문연구소 고문을 지냈고 미국철학협회를 설립했다. 지은 책으로 『독서의 기술』, 『개념어 해석』, 『토론식 강의 기술』, 『열 가지 철학적 실수』, 『모두를 위한 아리스토텔레스』 등이 있다.

독서의 수준

독서는 도움을 받지 않는 '발견'과 마찬가지이며, 모습이 보이지 않는 교사로부터 배우는 것인데, 그 방법을 모르면 잘 되지 않는다.

이 장에서는 독서의 수준에 대해서 말하고자 한다. 독서 기술을 높이려면 각자의 수준 차이를 알고 있는 것이 중요하기 때문이다.

먼저, 독서에는 네 가지 수준이 있다. 여기서 '수준'이란 말을 사용하는 것은 '종류'와 구별하기 위해서다. 일반적으로 '수준'은 낮은 쪽에서부터 높은 쪽으로 단계적으로 변해가는 것을 말하지만, '종류'는 서로 다른 것을 가리킨다. 독서의 수준에 대해서도 마찬가지로 말할 수 있다. 따라서, 여기서 말하는 것은 하나씩 쌓아올려 가는 독서법이다. 하나의 수준은 다음 수준에 흡수되어 누적되므로, 가장 고도의 제4수준에는 앞의 세 개의 수준이 모두 포함되어 있다. 그것들을 거쳐야만 비로소 최후의 수준에 도달할 수 있는 것이다.

최초의 수준은 '초급 독서'이다. 이 초보적인 읽기 쓰기를 배우는 제1수준은, 기본 독서 · 기초 독서 · 초보 독서라고 이름 붙여도 좋은 것이지만, 보통 초등학교에서 학습하므로 '초급 독서'라고 해두자. 초급 독서는 읽기 · 쓰기를 전혀 못하는 어린이가 초보의 읽기 쓰기 기술을 습득하기 위한 것이다.

처음으로 책을 대하는 어린이가 우선 최초로 해야 할 일은 하나하나의 말을 식별하는 일이다. 이 수준의 어린이에게 있어서, 하얀 종이에 쓰인 글자는 그냥 까만 기호의 모임에 지나지 않는다. 그것이 '고양이가 모자 위에 앉았다.'는 것을 나타내는 기호일지라도, 어린이는 아직 내용에는 관심이 없다. 고양이가 어찌하였다, 모자가 어떻게 되었다는 것에는 아무런 관심도 없으며 오직 글자의 모양만이 어린이에게는 전부인 것이다. 이 수준의 문제는 '이 문장은 무엇을 말하고 있는가' 하는 것이다. 이것은 생각하기에 따라서는 어려운 문제가 되겠으나, 물론 여기서는 가장 간단한 의미로 말하고 있는 것이다.

이 책의 독자라면 초급 독서의 기술은 이미 훨씬 이전에 다 습득했을 것이다. 그러나, 아무리 높은 독서력이 있어도 이 수준의 문제를 등한히 하고 독서할 수는 없다. 예를 들면, 서투른 외국어의 책을 읽을 때에도 초급 독서의 원칙에 따라서 우선 단어를 확인하지 않으면 안된다. 하나하나의 단어를 식별할 수 있어야 비로소 의미를 알아내는 작업으로 들어갈 수 있기 때문이다.

모국어로 쓰인 것을 읽을 때에도, 제1수준의 문제에 부딪히는 독자가 많다. 대부분은 독자의 습관적인 버릇에 의한 것이지만, 그중에는 초기의 독서 지도가 미비하기 때문에 그런 경우도 있다. 그러한 결함을 바로잡지 않으면 책을 빨리 읽기가 어렵다. 속독의 훈련에서 제1수준의 습득에 중점을 두는 것은 이 때문이다. 초급독서 및 속독에 대해서는 이 다음 제3장, 제4장에서 다루기로 한다.

독서의 제2수준은 '점검 독서'이다. 시간에 중점을 두는 것이 제2수준의 특징이다. 독자는 일정한 시간 안에 할당된 분량을 읽어야만 하도록 요구받는다. 15분 동안에 이 책을 읽으라고 하는 일도 있을 것이고, 그 배의 분량에 배당되는 일도 있을 것이다.

점검 독서의 목적은, 주어진 시간 안에 될 수 있는 대로 내용을 충분히 파악하는 데 있다고 할 수 있다. 하지만 대체로 그 시간은 상당히 짧아서 내용을 완전히 읽어낼 여유가 없는 것이 보통이다.

점검 독서는 '골라 읽기', 혹은 '예비 독서'라고 해도 괜찮지만, 그냥 띄엄띄엄 골라 읽는다고 하더라도 마음 내키는 대로 겉핥기로 읽는 것을 말하는 것은 아니다. 점검 독서는 '계통을 세워서 띄엄띄엄 골라 읽는 기술'이다. 책의 표면을 점검하고, 그 한도에서 알 수 있는 모든 것을 배우는 일이다. 이것은 매우 힘이 드는 일이다.

'이 문장은 무엇을 말하고 있는가'라는 제1수준의 물음에 대하여, 제2수준의 문제는 '이 책은 무엇에 대하여 쓴 것인가' 하는 것이다. 구체적으로는, '이 책은 어떻게 구성되어 있는가', '어떠한 부분으로 나뉠 수 있는가' 하는 문제를 검토하는 일이다.

그리고 또 한 가지, '그것은 어떠한 종류의 책인가-소설인가, 역사인가, 논문인가' 하는 문제도 있다. 아무리 짧은 시간의 점검 독서라도, 제2수준의 독자는 이 물음에 대답할 수 있어야 한다.

점검 독서에 대해서는 다음 4장에서 말하겠지만, 여기서 한 가지 말해두고 싶은 것은,

대부분의 사람이 이 독서의 가치를 깨닫지 못하고 있다는 것이다. 훌륭한 독서가조차도 이것을 인식하지 못하고 있다. 누구나 첫 페이지부터 읽기 시작하지만 목차는 전혀 무시하고 있는 것이다. 그 결과 내용을 이해하는 다음 수준의 일을 하면서, 동시에 책의 표면을 알아내는 점검 독서의 일을 병행하여야만 한다. 그 때문에 쓸데없이 일이 어려워지는 것이다.

독서의 제3수준은 '분석 독서'다. 이것은 제1수준, 제2수준보다도 복잡하고 계통적인 독서활동이다. 읽는 책의 어려움에도 좌우되지만, 독자에게 상당한 노력을 요구하는 독서법이다.

분석 독서란 철저하게 읽는 것을 말한다. 독자로서 가능한 한도의 극히 고도의 독서법이다. 점검 독서가 시간의 제약이 있는 경우의 가장 뛰어난 완벽한 독서법이라고 한다면, 분석 독서는 시간의 제약이 없는 경우의 가장 뛰어난 완벽한 독서법이라고 할 수 있다.

분석 독서에서는 독자가 책의 내용에 관하여 계통을 세워서 몇 가지든 질문을 하지 않으면 안된다. 이 책에서 주로 다루는 것은 이 분석 독서다. 이 방법과 규칙은 제2부에서 상세히 설명할 것이므로 지금은 하나하나의 질문에 대해서는 언급하지 않겠다. 여기서는 다만, 분석독서는 아주 적극적인 독서라는 것을 지적해두고 싶다. 분석 독서란, 자기가 맞붙은 책을 완전히 자기의 피가 되고 살이 될 때까지 철저하게 읽어내는 것이다. '책은 맛보아야 할 책과 삼켜야 할 책이 있다. 또, 약간이긴 하지만 잘 씹어서 소화해야 할 책도 있다.'고 프랜시스 베이컨도 말했지만, 분석적으로 읽는다는 것은 책을 잘 씹어서 소화하는 것을 말한다.

그런데 정보나 오락을 위한 독서에는 분석 독서가 필요하지 않다. '분석 독서'는 무엇보다도 우선 '이해를 깊이 하기 위한 것'이다. 따라서, 독서에 의하여 얕은 이해에서부터 깊은 이해로 정신을 향상시키려면 분석 독서의 기술을 많건 적건 터득해둘 필요가 있다.

마지막 가장 고도의 독서 수준은 '신토피칼 독서(syntopical reading; 동일 주제에 관해 두 종류 이상의 책을 읽는 것)'[1]다. 이것은 가장 복잡하고 조직적인 독서법이며, 평이하고 쉬운 소재라 하더라도 독자에게는 상당한 노력이 필요한 독서법이다.

신토피칼 독서는 비교독서법이라고 부를 수도 있을 것이다. 이는 한 권 뿐만 아니라 하나의 주제에 대해 몇 권의 책을 서로 관련지어서 읽는 것을 말한다. 그러나 단순히 각 텍스트를 비교하는 것만으로는 신토피칼 독서로서 충분하다고 할 수 없다. 숙달된 독자는 읽은 책을 실마리로 하여 '확실하게 쓰여있지 않은 주제'를 스스로 발견하고 분석할 수도 있게 될 것이다. 따라서 신토피칼 독서는 독자에 대한 요구 정도가 가장 높은 적극적인 독서법이다.

이 독서법에 대해서는 제4부에서 자세히 다루겠으나 이것을 아는 사람이 적다는 것은 꼭 말해두고 싶다. 신토피칼 독서는 보답을 많이 받을 수 있는 독서 활동이며, 배울 만한 가치가 있는 지극히 유익한 독서 기술이다.

책을 자기의 것으로 만들려면

예로부터 '행간을 읽어라'라고 흔히들 말한다. 그런데 여기서는 '행간을 읽을 뿐만 아니라' '행간에 쓰는 것'을 권하고 싶다. 이것을 하지 않으면 효과적인 독서는 바랄 수 없다.

책을 샀을 때 그 책은 분명히 독자의 소유물이 된다. 옷이나 가구를 샀을 때와 마찬가지다. 하지만 책의 경우 이것은 겨우 시작에 불과하며, 책이 정말로 독자의 것이 되는 것은 독자가 그 내용을 소화하였을 때다. 자기의 피와 살로 소화하는 가장 좋은 방법-그것이 행간에 쓰는 일이다.

행간에 쓰는 일이 독자에게 왜 꼭 필요한가? 첫째, 잠에서 깨어있게 하기 때문이다.

1 'syntopical'은 '동일 주제에 관한'이라는 뜻. 'syn'은 '함께, 동시에, 비슷한'이라는 뜻의 접두사, 'topical'은 '주제의, 제목의'라는 뜻.

단순히 지각이 있다는 것만이 아니라 머리를 분명하게 해줄 수 있기 때문이다. 둘째, 적극적 독서란 생각하는 것이며, 생각하는 것은 말로 표현된다. 자기 생각을 안다고 하면서도 그것을 표현하지 못하는 사람은 보통 자기 생각을 잘 모르는 것이다. 셋째, 자기의 말을 적어두는 것은 저자가 말하는 것을 생각하는 데 도움이 된다. 책에 써넣기를 하는 것은 단적으로 말하면, 독자가 저자와 의견을 같이 하느냐 달리 하느냐의 표현이다. 이것은 독자가 저자에게 바치는 최고의 경의이다.

효과적인 써넣기의 방법은 여러 가지가 있다. 몇 가지 예를 들면 다음과 같다.

1. 줄을 친다. 중요한 곳이나 저자가 강조하는 곳에 밑줄을 친다.
2. 행의 첫 머리 여백에 세로줄을 친다. 이미 밑줄 친 곳을 강조하기 위해, 또는 밑줄을 치기에는 너무 길 때.
3. 별 모양 등 기타의 표를 여백에 한다. 이것은 남용하지는 말자.
4. 여백에 숫자를 쓴다. 논의의 전개에 따라 요점의 변화를 나타내기 위해.
5. 여백에 다른 페이지의 숫자를 써넣는다. 같은 책의 딴 곳에서 저자가 같은 말을 하고 있거나, 그것과 관련되거나 모순되는 것을 발견했을 때.
6. 키워드를 ◯로 둘러싼다.
7. 페이지의 여백에 자기 생각을 써넣는다.

이러한 써넣기는 이 책에 대한 독자의 이해를 측정하는 척도가 될 것이다. 이는 독자의 지적 소유권을 나타내는 것이다.

읽기 전에 알자

독자는 지금 읽는 책이 어떤 종류의 책인지를 알아야 한다. 이것을 아는 것은 빠를수록 좋다. 가능하다면 읽기 시작하기 전에 아는 것이 낫다.

이것은 어떻게 하면 될까? 우선 '점검 독서'를 하는 것이 좋다. 좌우간 책을 대충 살펴보는 것이다. 책 제목, 부제목, 목차를 읽고, 저자의 서문이나 일러두기를 훑어본다. 출판사에서 나온 소개문이 있으면 그것도 읽는다. 이것들은 저자가 독자를 위해서 보내고 있는 신호이다. 독자가 그에 따라 멈추어서 읽어주지 않는다면 나쁜 것은 독자 쪽이지 저자가 아니다.

더 생각해 볼 문제

1. 위에서 저자가 말하고 있는 독서의 네 가지 수준을 간단히 정리해 보자.

2. 보통 자신이 책을 읽을 때 위 네 가지 독서 중 어떤 독서를 했다고 생각되는지 말해보자.

3. 앞으로 책을 읽을 때 어떤 기술을 사용해보고 싶은지 말해보자.

4. '행간을 쓰는 일'의 유리함에 대한 자신의 생각을 말해 보자.

5. '책을 읽기 전에 무슨 책인지 아는 것'이 왜 필요한지 말해보자.

2. 책을 사랑했던 한 남자

이덕무, 『책에 미친 바보』 중 「간서치전」, 「책벌레만도 못해서야」,

「한서이불과 논어병풍」, 「책을 팔아서」, 미다스북스, 2004.

조선후기 실학자로 널리 알려진 이덕무는 비쩍 마른 몸에 책 읽기를 좋아했던 고아한 선비였다. 이 글은 자기 자신을 '책만 보는 바보'라는 뜻의 '간서치'라고 부르고 있는 글로, 이덕무의 짧은 자서전처럼 자주 인용되는 글이다.

조선 후기에는 길이가 짧으면서 남들이 안 쓰는 개성 있고 참신한 표현을 특징으로 한 '소품문(小品文)'이 유행했는데, 특히 이덕무와 박지원은 그러한 소품문을 즐겨 썼다. 소품문은 제목이 없는 10~20줄 사이의 짧은 글로, 이 글 역시 그러한 소품문 중의 하나이다. 특히 이덕무의 소품문은 시적인 정취와 문학성이 높은 것으로 유명한데, 가난한 살림 속에서도 책을 좋아했던 자기 경험을 흥미롭게 묘사한 작품들을 함께 읽어보기로 한다.

저자 소개

이덕무(1741~1793)

조선 후기의 문인, 실학자. 호는 형암, 청장관, 아정, 영처. 박제가, 유득공, 이서구와 더불어 조선 후기의 대표적인 네 명의 문장가라는 뜻의 '후사가(後四家)'로 꼽히며, 연암 박지원을 필두로 한 이용후생(利用厚生)을 중시하는 실학파의 기풍을 형성한 학자이기도 하다. 박제가, 유득공, 이서구와 함께 지금의 종로 쪽에 살았기 때문에 '백탑파' 시인이라고 불리기도 한다. 후사가가 공동으로 낸 시집 〈한객건연집〉은 청나라 문인들에게까지 널리 읽히고 대단한 호평을 받았다. 이덕무는 서자 출신으로 벼슬길이 막혀 있었으나 정조에게 학문적 깊이를 인정받아 규장각의 검서관을 지냈다.

책에 미친 바보

남산 아래 마을에 어리석은 사람이 하나 살았다. 말씨는 어눌하고, 성품은 졸렬하고, 또 게을러서 세상에서 무슨 일이 일어나는지는 잘 알지 못했으며, 바둑이나 장기 같은 잡기는 더더욱 알지 못했다. 남들이 흉을 보아도 변명하지 않았고, 칭찬을 해도 잘난 척하지 않았으며, 오직 책 보는 일만을 즐거움으로 삼았기에 춥거나 덥거나 배고프거나 병드는 것에도 아랑곳하지 않았다.

어릴 때부터 스물한 살이 될 때까지 하루도 선인들의 책을 손에서 놓은 적이 없었다. 그의 방은 매우 작았지만, 그래도 동, 서, 남쪽 삼면에 창이 있어, 동쪽에서 서쪽으로 해가는 방향을 따라 햇빛을 받아가며 책을 읽었다. 어쩌다가 지금까지 보지 못했던 책을 대하게 되면 그때마다 기뻐서 큰 소리로 웃곤 했기에, 집안 사람들은 그가 기뻐하며 웃는 모습을 보면 특별한 책을 얻은 줄 알 수 있었다.

특히 두보의 오언율시를 좋아하던 그는 골똘히 시를 생각하다가 아픈 사람처럼 중얼중얼하기도 했다. 그러다가 그 속에 숨겨진 심오한 뜻을 깨닫기라도 하면 매우 기뻐하면서 일어나 이리저리 왔다갔다 했으니 그 소리가 마치 까마귀가 우는 것 같기도 했다. 때로는 조용히 아무 소리 없이 책만 뚫어지게 바라보기도 하고, 때로는 꿈꾸는 사람처럼 혼자 중얼거리기도 하였으니, 사람들이 그를 '책에 미친 바보'라고 불렀으며 그 역시 흔쾌히 그 이름을 받아들였다.

사람들이 그의 전기를 지어주는 이가 없어 스스로 자기 일을 쓰고 〈간서치전(看書痴傳)〉이라 하였다. 그의 이름과 성은 기록하지 않는다.

책벌레만도 못해서야

흰 좀벌레 한 마리가 나의 〈이소경〉에서 '추국, 목란, 강리, 게거' 등의 글자를 갉아먹었다. 처음에는 너무 화가 나서 좀벌레를 잡아 죽이려 했는데, 조금 지나자 이 벌레가 향기로운 풀 이름만 갉아먹은 것이 기특하게 여겨졌다. 혹시 특이한 향내가 그 벌레의 머리와 수염에서도 나는지 궁금해져서, 동자 녀석을 시켜 반나절 동안 집안의 책들을 대대적으로 찾아보게 했다. 그때 갑자기 좀벌레 한 마리가 기어나오는 것이 보여 손으로 잡으려 했는데, 빠르기가 흐르는 물과 같아 순식간에 달아나 버렸다. 그저 은빛 가루만 반짝이며 종이에 떨어질 뿐, 좀벌레는 끝내 잡지 못했다.

지영은 〈천자문〉을 팔백 번이나 썼고, 홍경로는 〈자치통감〉을 세 번이나 직접 베꼈다고 한다. 호담암이 양구산을 만났을 때 양구산은 팔뚝을 들어보이며 이렇게 말했다고 한다. "이 팔뚝을 책상에서 서른 해 동안 떼지 않았더니 그제야 깨달음을 얻는 데 진전이 있었다네."

또 횡포로 귀양을 간 장무구는 14년 동안 매일 새벽이면 항상 책을 안고 창문 아래에서서 책을 읽었는데, 창문 아래 돌 위에 두 발뒤꿈치 자국이 은은히 남았다. 우리나라 사람 고응척은 젊었을 때 직접 사면이 모두 벽이고 단지 구멍만 두 개 뚫린 집을 지었다. 두 구멍 가운데 하나는 음식을 넣는 곳이고 다른 하나는 바깥 사람과 말을 주고받는 곳이었다. 고응척은 그 안에서 3년 동안 〈중용〉과 〈대학〉을 읽고 나서야 집을 나왔다. 중봉 조헌은 평생 잠이 없어서 밤에는 책을 읽고 낮에는 밭을 갈았다. 밭두둑에 나무를 걸쳐 책을 세워 두고는 소를 몰고 왔다갔다 하면서 여러 책을 두루 읽었다. 밤에는 또한 어머니 방에 불을 때면서 땔나무 불빛에 비추어 책을 보았다.

옛 사람들은 학문을 닦는데 이렇게 열심이었으므로 크게 앞선 학문을 쌓은 것이다. 이에 비하면 우리 같은 무리들은 그저 물 마시고 밥 먹고 잠이나 자는 인생일 뿐이다.

운장은 이런 이야기를 한 적이 있다. "보통 책이란 아무리 아끼는 것이라도 남에게 빌려주지 않으면 안 된다. 예전에 송준길 선생께서는 남에게 책을 빌려주었는데 그 사람이 되돌려 줄 때 종이에 보푸라기가 생기지 않았으면, 그 책을 읽지 않았다는 뜻이라며 야단을 치고는 다시 빌려주셨다. 한번은 어떤 사람이 송준길 선생에게 책을 빌려다가 끝끝내 읽지 못하고 돌려드리게 되자 선생의 꾸지람이 두려워서 책을 짓밟고 깔고 눕고 해서 낡고 더럽게 만든 후 돌려보냈다. 이런 행동은 송준길 어른의 두터운 마음을 미처 헤아리지 못한 바보같은 짓이니 이런 일은 하면 안된다."

한서 이불과 논어 병풍

지난 경진년과 신사년 겨울의 일이다. 내가 거처하던 작은 초가집이 몹시 추웠다. 입김을 불면 성에가 되곤 해, 이불 깃에서 버석버석 소리가 났다. 내 게으른 성품으로도 한밤중에 일어나 급히 〈한서〉 한 질을 가지고 이불 위에 쭉 늘어놓아 조금이나마 추위의 기세를 누그러뜨렸다. 이것이 아니었더라면 거의 얼어죽은 귀신이 될 뻔하였다.

간밤에도 집 서북편 모서리로 매서운 바람이 찌르는 듯이 들어와 등불이 몹시 다급하게 흔들렸다. 잠시 생각하다가 〈논어〉 한 권을 뽑아 세워 바람을 막고는 혼자서 그 수단의 경제성을 기특해 하였다. 옛 사람이 갈대로 이불을 만든 것은 기이함을 좋아한 일이라 할 것이고, 또 금은으로 새와 짐승의 상서로운 상징을 새겨 병풍을 만드는 것은 너무 사치스러워 족히 부러워 할 것이 못된다고 하겠다. 어찌 내 〈한서〉 이불과 〈논어〉 병풍이 급한 대로 한 것이지만 이런 것보다 모자라겠는가? 한나라 왕장이 쇠덕석을 덮고 누웠던 것이나, 두보가 말 안장을 깔고 잔 것 보다야 낫다고 할 것이다.

을유년 겨울 11월 28일에 적다.

책을 팔아서

내 집에서 가장 좋은 물건은 단지 〈맹자〉 일곱 편뿐인데 오랜 배고픔을 견디다 못해 결국 돈 2백 전에 팔아버렸소. 그 돈으로 밥을 잔뜩 해먹고 희희낙락하며 유득공에게 달려가 크게 자랑을 했지요. 그런데 그도 굶주린 지 오래되었기 때문에 내 말을 듣고는 즉시 〈좌씨전〉을 팔아서 밥을 해 먹고 남은 돈으로 내게 술을 사주었소.

이러니 맹자가 나에게 직접 밥을 먹여주고 좌구명이 나에게 직접 술을 권한 것과 무엇이 다르겠소? 그래서 맹자와 좌씨를 한없이 칭송했다오. 우리가 1년 동안 이 책들을 그냥 읽기만 했다면 어떻게 조금이나마 굶주림을 면했겠소? 그제야 나는 알게 되었다오. 책을 읽어 벼슬을 얻고 잘 살게 되는 것은 다 행운을 바라는 생각일 뿐이라는 것을 말이오. 당장 책을 팔아 한 번이라도 실컷 취하고 마음껏 마시는 것이 솔직하고 가식 없는 일 아니겠소? 그대는 어떻게 생각하시오?

더 생각해 볼 문제

1. 책을 좋아했던 이덕무는 책에 대한 짧은 글을 많이 남겼다. 위 글들처럼 책과 연관된 자신의 경험이나 기억을 하나 꺼내어 이야기해 보자.

2. 앞서 『독서의 기술』에서 말한 '행간에 쓰는 일'과 관련된 일화를 위의 이덕무의 글에서 찾아서 이야기해 보자.

3. '좀벌레만도 못해서야'에는 열렬하게 책을 읽은 옛 사람들의 일화가 여러 개 소개되어 있다. 이렇게 치열한 각오로 무엇인가를 해본 경험이 있는지 이야기해 보자.

4. 이덕무는 서자였기 때문에 책을 읽고 학문을 닦아도 벼슬을 할 수 없는 처지였다. 게다가 무척 가난해서 추위와 배고픔을 평생 감내하며 살아야 했다. 그럼에도 그가 책을 읽고 공부를 한 이유는 무엇일까? 현실적인 이득이나 보상이 없어도 먹고 사는 일이 아닌 책 읽기에 열중할 수 있었던 이유는 무엇일까?

3. 진짜 책은 사라지지 않는다

장정일, 『빌린 책, 산 책, 버린 책 – 장정일의 독서일기』,

도서출판 마티, 2010.

이 책은 저자가 책을 읽고 나서 자신의 생각을 일기 형식으로 적은 『장정일의 독서일기』 중 8권에 해당되는 책이다. 저자는 원래 60세가 될 때까지 '장정일의 독서일기'를 20권 내겠다고 약속한 바 있다. 8권째인 위 책부터는 『빌린 책, 산 책, 버린 책』이라는 제목으로 표제를 바꾸어 내고 있으며 2014년 10권째 독서일기를 냈다.

다음 부분은 어떤 책이 '책으로서 진정한 가치가 있는가'에 대한 생각을 보여주고 있는 대목이다. 또한 권위 있는 기관이 추천하는 '권장도서 목록'이 갖고 있는 허점과 '인쇄 문화'와 '책 문화'의 차이 등에 대해서도 생각하게 만들어준다.

저자 소개

장정일(1962~)

시인, 소설가. 중학교 졸업 이후 신앙 문제로 제도 교육을 더 이상 받지 않았고, 19세에는 폭력 사건으로 소년원에 수감되는 등 특이한 이력을 가진 유소년기를 보냈다. 기존 한국 문학의 문법과 전혀 동떨어진 독창적이고 전복적인 세계관을 보여주면서 사회적 논란의 중심에 서기도 했다. 시집 『햄버거에 대한 명상』, 『길 안에서 택시 잡기』, 소설 『너희가 재즈를 믿느냐』, 『아담이 눈 뜰 때』, 『내게 거짓말을 해봐』 등의 작품이 있다.

사라지지 않을 '책 문화'를 위하여

여름철을 맞아 국립중앙도서관이 일반인들을 위해 '휴가철에 읽기 좋은 책 80선'을 선정, 발표했다. 그런데 그 목록을 보는 순간, 방안의 온도가 급상승했다. 독서란 워낙 개인의 취향에 맡겨진 문제라서, 어떤 책을 읽고 말고를 왈가왈부할 게 아니다. 그러나 거기에 국립중앙도서관 같은 공인된 기관이 개입하기로 했다면, 반드시 보편적으로 수긍할 만한 기준과 수준이 마련되었어야 한다.

국립중앙도서관 사서가 추천했다는 '좋은 책'의 면면을 살펴보니, 도무지 내가 읽고 싶거나 지인에게 권할 만한 책보다, 외면하거나 말리고 싶은 책이 대부분이다. 나만 그렇게 느끼지 않았다는 것은, 그 기사 밑에 누리꾼들이 달아놓은 댓글에 아주 적나라하다. '미치겠다, 이걸 추천이라고.', '정말 놀랍군요, 어이가 없다.', '안 봐도 되는 책들만 골라놓았군.', '쓰레기 책들만 가득하구나.' 등등.

'휴가철에 읽기 좋은 책 80선'에 붙은 댓글은 몇 년 전 국방부가 '23권의 금서 목록'을 선정했을 때 꼬리를 물고 이어졌던 댓글과 천양지차다. 누리꾼들은 국방부가 애써 선정한 금서 목록을 '우리 시대에 꼭 읽어야 할 필독서' 명단으로 재빠르게 실어 날랐다. 급기야 해당 도서들의 판매량은 모두 배 이상 증가했다. 그 가운데 장하준의 『나쁜 사마리아인들』(부키, 2007)은 기사가 나온 다음 날, 판매 부수가 전일에 비해 10배 이상 늘어났다니, 만성적인 불황에 허덕이던 출판계는 국방부의 '뻘짓'으로 그야말로 뜻하지 않은 특수를 맞았다. 이 무슨 무도(武道)의 시대란 말인가? '무반(武班)이 읽지 말라고 선정한 금서'가 '문반(文班)이 추천한 책'보다 훨씬 낫다면, 앞으로 국립중앙도서관 사서들은 '좋은 책' 선정을 매번 국방부에 위탁하는 게 좋겠다.

작년 여름에 읽었던 셔먼 영의 『책은 죽었다』는 책을 '기능적인 책'과 '안티 책(나쁜 책)', 그리고 '책'으로 나눈다. 전화번호부나 교과서 같이 정보만 가득 담은 책이 기능적인 책이라면, 안티 책은 저자가 누군지도 모르는 유명인사의 자서전이나 영화 개봉에 맞추어 급조된 책과 같이 '책 문화' 파괴에 앞장 선 책들이다. 기능적인 책과 안티 책은 종이에 잉크를 묻혀 제본을 한 구텐베르크 이후의 발명품으로서 '인쇄 문화'의 말단에 속한 책이다.

반면 '책'은 인쇄 문화의 산물이긴 하지만, 인쇄 문화보다는 '책 문화'에 속한 책이다. 책 문화란 '숙성된 사고'의 동의어로, 독자들에게 다양한 사상을 접하게 하고 깊이있는 통찰을 하게 만든다. 그리하여 자기만의 고유한 생각을 가지고 공적인 대화와 담론을 가능하게 이끈다. 이런 책은 인터넷이나 영상과 같은 새로운 미디어에 의해 사라지지 않는다. 하므로 오래 전부터 떠도는 '책의 죽음'은 '인쇄 문화'에 속한 책이지, '책 문화'에 속한 책은 몸을 바꾸며 살아남는다.

더 생각해 볼 문제

1. 저자가 '휴가철에 읽기 좋은 책' 목록을 비판적으로 바라보는 이유는 무엇인가?

2. 국방부가 만든 금서 목록에 있는 책들이 사람들의 관심을 끌고 더 잘 팔리게 된 이유는 무엇인가?

3. 저자가 말하는 '인쇄 문화'와 '책 문화'에 대해 설명해 보자.

4. '기능적인 책', '안티(나쁜) 책', '책'의 정의를 정리해 보고, 자기가 알고 있는 범위 내에서 각 분류에 해당하는 책의 예를 들어 보자.

2부

나

나라는 존재,
나의 욕망,
나를 둘러싼 관계

1. 존재에 대한 고민

강상중, 『고민하는 힘』,

이경덕 옮김, 사계절, 2013.

저자 강상중은 외부인에 대한 차별이 심한 일본 사회에서 귀화하지 않고 살고 있는 '재일 한국인'이다. 이 글은 자신이 평범한 일본인인 줄 알고 살았던 어린 시절이 끝나고 사춘기 때 그가 겪게 된 정체성의 혼란, 고민과 방황에 대해 담담하게 말하고 있다.

'재일 한국인'과 같은 특수한 상황이 아니어도 우리는 누구나 '나는 누구인가'라는 물음을 갖기 마련이다. 이 글에서 저자는 결국 자기 존재에 대한 고민은 자기 혼자서만 해결할 수는 없다고 말하고 있다. 즉 타인의 존재를 인정하고 누군가와 진지하고 깊은 관계를 맺는 것이 중요하며, 자기가 속한 사회 속에서 자기 자리를 찾는 것이 중요하다는 것이다. '나'는 어떤 존재인지, '나'라는 사람과 가장 깊은 관계에 있는 존재는 누구인지, '나'에게 가장 중요한 소속감을 주는 집단은 무엇인지 등을 생각하며 다음 글을 읽어보자.

저자 소개

강상중(1950~)

일본 규슈 출생. 그의 부모는 일제강점기에 일본으로 떠밀려 가 살게 된 재일교포 1세로 폐품수집상이었다. 차별을 겪으며 재일 한국인의 정체성에 대해 고민하던 그는 1972년 와세다 대학에 다닐 때 처음 한국을 방문한 뒤 자신의 존재를 새롭게 깨닫는다. 이후 일본 이름인 '나가노 데츠오'를 버리고 한국 이름을 쓰면서 한국 사회의 문제와 일본 내에서의 한국인 차별 문제에 대해 적극적으로 발언하고 행동하고 있다. 1998년 일본으로 귀화하지 않은 한국인 최초로 도쿄대 교수가 되었다. 일본 사회에 대한 비판적 발언 때문에 대중 강연을 할 때마다 극우파의 공격에 대비해 가슴과 배에 신문지를 두르고 다닌다고 한다.

어느 날 인생이 내게 묻다

과연 '나'는 누구인가? 당돌하지만 이 물음은 국적과 민족, 고향과 국가를 둘러싼 분열과 갈등에 고민해 온 우리 주위에 늘 떠도는 물음이었습니다.

사춘기 때 나는 이 물음에서 도망치고 싶었습니다. 그래서 좀더 편하고 즐거운 일이 없을까 궁리하며 바깥 세계만 바라보았습니다. 하지만 어딜 가든지 도대체 '나'는 누구인가라고 묻는 목소리가 들려왔습니다. 귀를 막아보았지만 마치 마음 속에서 들려오는 목소리처럼 그 물음은 내 주위에서 떠나지 않았습니다.

"그런 것을 생각해서 무슨 도움이 되겠어? 시간만 소모할 뿐이야. 도대체 내 인생에 무슨 도움이 된다는 말인가?"

이런 반문이 내 머리를 꽉 채웠고 나는 그 목소리를 없애기 위해 노력했습니다. 그러나 지우려고 노력하면 할수록 그 목소리는 점점 더 커졌고, 도저히 그 목소리로부터 도망칠 수 없음을 깨달았습니다.

스무 살 때의 일입니다. 부모의 나라인 한국을 처음 찾아가 여러 가지를 보고 들으면서 깊이 생각한 것이 계기가 되어, 내가 인생에 대해 묻는다기보다 인생이 내게 묻고 있다는 생각을 하게 되었습니다. 그것은 좀 과장해서 말하면 '코페르니쿠스적 전환'이었습니다. 물론 그렇다고 자아의 질곡에서 해방된 것은 아니었습니다.

나는 내 힘으로는 어쩔 수 없는 나의 출신이라는 '운명'으로 눈을 돌렸고, 그것을 통해 나라는 존재에 드리워진 실존적 물음에 이끌리게 된 것입니다. 거기서 나는 '자아'라는 것에 대해 생각하게 되었습니다.

그런데 '자아'와 자주 혼동을 일으키는 말로 '자기중심주의'라는 것이 있습니다. 타인의 기분에는 아랑곳하지 않고 자기 생각만을 밀어붙이는 사람을 가리킬 때 쓰는 말인데, 그런 사람과 함께 있으면 '자기만 생각하는' 모습에 피곤함을 느낍니다.

'자아'와 '자기중심주의'는 다릅니다. 자아가 무엇인지를 설명하기는 매우 어렵지만 간단하게 말하면 '나는 누구인가'라는 질문을 의식적으로 자기에게 묻는 '자아의식'이라고 할 수 있습니다.

자아와 어떻게 마주할 것인지는 매우 성가신 문제로 나 또한 오래 고민했던 문제였고 여전히 '해결했다'고 말할 자신이 없습니다. 자아가 비대해지면 꼼짝달싹 못하게 되어 거기서 빠져나오기 힘들어질 수도 있습니다. 요즘 시대에 자아의 병적인 비대화는 무척 심각한 상황에 이르렀는데 '우울증'이나 '히키코모리'와 같은 마음의 병과도 깊은 연관이 있는 듯합니다.

'자기중심주의자'라는 말을 듣는 사람들 중에는 자아에 대해 고민하는 사람이 적고 '자기중심주의자'라는 말을 듣지 않는 사람들이 오히려 자아에 대해 고민하는 사람이 많다는 것은 매우 흥미로운 일입니다. '자기중심주의자'라는 말을 듣는 사람들은 다른 사람에 대해 별로 생각하지 않지만 '자아'에 대해 고민하는 사람은 대개 '타자'의 문제에 대해서도 고민하기 때문이겠지요.

자기 속에 자기를 중심으로 모든 것을 생각하는 자아라는 것이 있다면 타자 속에도 동일한 것을 생각하는 자아가 있을 것입니다. 여기서 자기와 타자의 관계를 어떻게 맺을까 하는 주제가 중요해집니다.

자기와 타자를 각각 자아로 독립해 있는 것으로 보면 인간 사회는 각양각색의 '자아의 무리'가 되고 맙니다. 그리고 각각의 자아가 제멋대로 자기를 중심으로 하는 세상이라면 자기와 타자의 공존은 성립할 수 없습니다. 그렇기 때문에 '자기와 타자를 연결하는 회로를 어떻게 만들어야 공통의 세계를 만들 수 있을까'라는 것이 철학자들이 고민하는 근본적인 주제가 된 것입니다.

나쓰메 소세키는 많은 소설에서 과잉된 자아를 안고 있는 사람들을 묘사했습니다. 나쓰메 소세키의 소설이 때로 철학서보다 더 철학적인 인상을 주는 것은 이 때문입니다.

'선생의 고독'

나쓰메 소세키의 소설은 모두 자아에 대해 많은 것을 가르쳐 주지만 내가 가장 크게 공감하고 찬탄했던 것은 『마음』이었습니다.

주인공인 '나'는 여름 가마쿠라에서 '선생'이라는 남자를 만나서 친해집니다. 그런데 선생은 뭔가 중요한 비밀을 가지고 있는 듯 '나'에게 쉽게 마음을 열지 않습니다. 그 이유는 선생의 과거에서 찾을 수 있습니다. 선생은 학생이었을 때 친구인 K와 둘이서 하숙집 딸을 좋아하게 됩니다. 선생은 그 하숙집 딸을 자기 사람으로 만들기 위해 K를 속이는 일을 했습니다. K는 자살을 했고 선생은 하숙집 딸과 결혼을 했지만 부인을 진심으로 사랑할 수가 없었습니다. 선생은 결국 '나'에게 그 사실을 편지로 고백하고 그와 동시에 목숨을 끊는다는 이야기입니다.

선생은 애초에 K가 실연 때문에 자살했다고 생각했습니다. 그러나 시간이 지남에 따라 K가 유일한 친구였던 자기로부터 우정을 잃고 고독을 견디지 못해 자살했다고 생각하기 시작합니다. 그것을 깨달았을 때 선생은 마음이 얼어붙는 듯한 절망감에 사로잡히고 맙니다.

선생의 이 말은 매우 중요한 의미를 지니고 있습니다.

"자유와 독립과 자아로 가득한 현대를 살아가는 우리는 모두 그 대가로 이런 쓸쓸함을 맛보아야만 하겠지요."

『마음』은 내 개인적인 경험에 비추어 볼 때도 깊이 생각해 볼 것이 많은 작품입니다. 그 이야기를 해보려고 합니다.

나는 대학을 졸업한 후 내가 가야 할 진로를 정하지 못하고 대학원에 남아 긴 유예 기간을 보냈습니다. 그렇게 된 것은 내가 사춘기 이후 오랫동안 자아의 문제에 사로잡혀 거기에서 빠져나오지 못했고 대학을 졸업한 이후에도 여전히 발버둥치고 있었기 때문입니다.

나는 재일 한국인(흔히 자이니치[在日]라고 읽음)으로 태어났기 때문에 정체성의 문제가 가장 크게 얽혀 있었습니다. '나는 누구인가?', '나는 무엇을 찾아야 하는가?', '나는 무엇을 위해 살고 있는가?', '내게 세상은 무엇인가?', '나는 무엇으로부터 도망치려 하는가?' 이렇게 해답을 얻을 수 없는 물음에 사로잡혀 이러지도 저러지도 못하는 상태에 놓여 있었던 것이지요.

내가 뜻을 품고 있던 것은 정치학이었습니다. 그런데 정치학은 스스로 서 있는 지점을 정하지 않으면 보아야 할 것이 보이지 않으며 말해야 할 것을 말할 수가 없습니다. 그 때문에 나는 답보 상태로 서른 살이 다 되도록 괴로워했습니다.

그때 내 은사가 독일 유학을 권했고, 나는 나로부터, 그리고 일본으로부터 탈출하기 위해 바다 저 너머로 여행을 떠났습니다. 그때 내 가방에 들어있던 책이 『마음』이었습니다.

우울한 하늘 아래에서 어두운 하숙집에 틀어박혀 읽은 『마음』은 가슴에 깊이 스며들었습니다. 이 이야기는 내 개인사와 비슷한 곳이 있었던 것도 아니었고 직접적인 카타르시스를 불러일으킨 것도 아니었습니다. 해피엔드도 아니고 오히려 구원이 없는 이야기로 읽혔습니다. 그러나 선생이 품고 있던 절망적인 고독감, 그리고 무엇인가를 찾아 헤매는 주인공 '나'의 모습 속에는 깊이 생각하게 만드는 것이 있었습니다.

'자기가 쌓은 성'이 파멸을 부른다

독일에 있을 때 내가 『마음』을 갖고 있었던 가장 큰 이유는 이 소설이 '사람과 사람의 연결'이라는 점에서 매우 많은 것을 이야기해 주었기 때문입니다. '나'와 선생의 관계, 선생과 K의 관계, 선생과 하숙집 딸과의 관계, '나'와 시골에 있는 부모의 관계가 그것입니다. 당시 나는 내 자아를 힘겨워 했을 뿐 아니라 타자와의 관계에 대해서도 이해하지 못했습니다.

이것은 자아에 사로잡혀 있는 사람들 대부분이 마주치게 되는 벽이라고 생각합니다. 자아가 비대해질수록 자기와 타자의 사이를 이어주는 것은 힘들어집니다.

자아라는 것은 자존심이기도 하고 에고이기도 하기 때문에 자기를 주장하고 싶고, 지키고 싶고, 부정당하고 싶지 않다는 기분이 강하게 일어납니다. 그러나 타자 또한 비슷한 자아를 지니고 있기 때문에 그 역시 주장하고 싶고, 지키고 싶고, 부정당하고 싶지 않아 합니다. 그렇게 생각하면 아무것도 할 수가 없습니다.

사람에 따라서는 '타자와의 관계에서 겉으로는 참고 견디고 진짜 자기는 감추는 방법'을 택하는 사람도 있습니다. 그러나 그것이 어려워 완전히 자기 속에 파묻히는 사람도 있습니다. 질주하는 자기를 멈춰 세우지 못하고, 그렇다고 해서 누군가로부터 구원을 받지도 못해 악을 쓰며 비명을 지르고 싶어하는 사람도 있습니다.

나쓰메 소세키의 '메모'에도 이런 말이 나옵니다.

"자아의식은 결국 신경쇠약을 낳는다. 신경쇠약은 20세기 모두가 공유하는 병이 될 것이다."

나쓰메 소세키 자신도 몇 차례 신경쇠약에 걸렸고 거기에 위궤양까지 일으켜 한때는 매우 위독한 지경에 이르기도 했습니다.

그렇다면 비대해지는 자아를 멈추고 싶을 때 어떻게 해야 할까요? 그것에 대해 생각할 때마다 늘 머릿속에 떠오르는 것은 정신병리학자이며 철학자였던 칼 야스퍼스가 한 말입니다. 야스퍼스는 이렇게 말했습니다. "'자기의 성'을 쌓는 자는 반드시 파멸한다."

나 또한 그랬기 때문에 쉽게 이해가 됩니다. 그런데 우리는 자기의 성을 단단하게 만들고 벽을 높게 쌓으면 자기라는 것을 세울 수 있다고 생각하는 것은 아닐까요? 그렇게 하면 지킬 수 있다고 생각하는 것은 아닐까요? 또는 강해질 수 있다고 생각하는 것은 아닐까요? 그러나 그것은 오해입니다. 자기의 성만을 만들려고 하면 자기는 세워지지 않습니다.

그 이유를 궁극적으로 말하면 자아라는 것은 타자와의 관계 속에서만 성립하기 때문입니다. 즉 사람과의 관계 속에서만 '나'라는 것이 존재할 수 있다는 말이지요.

'상호 인정' 외에 다른 방법은 없다

참고로 내가 자아라고 하는 것에 확실하게 눈을 뜬 것은 열일곱 살 때였습니다. 물론 '오늘 눈을 떴다'라는 자각이 아니라 오랜 시간이 흐른 뒤 나중에 알게 된 그런 자각입니다.

야구를 해도 들판을 뛰어다녀도 어딘가 어제의 나와 달랐습니다. 그것은 자기라는 존재를 바깥에서 바라보는 의식에 눈을 뜬 것이겠지요. 대부분 이런 날을 기억하고 있을

겁니다. 그때 나는 '내가 어떤 존재로 태어났는가'라는 문제에 대해 파고들게 되었습니다. 그러나 일단 파고들자 내 인생은 무거울 수밖에 없다는 생각이 들어 암담한 기분을 맛보았습니다.

그리고 '말더듬이'가 되고 말았습니다. 모음으로 시작하는 말이 입 밖으로 나오지 않았고 소리내어 읽어야 할 때가 되면 쩔쩔 맬 수밖에 없었습니다. 그때의 기분은 지금도 생생하게 기억납니다. 물에 빠졌는데 수면이 위쪽에 보이지만 아무리 애를 써도 올라갈 수 없고 숨이 막혀 죽을 것만 같은 그런 느낌입니다.

내 부모님은 아이가 부자유스러운 생각을 하지 않도록 혼신의 힘을 다해 일을 했고 아낌없이 애정을 쏟아 부었습니다. 그래서 그 이전까지 나는 아무런 의문도 느끼지 못하고 건강한 아이로 살았습니다. 그런데 자아에 눈을 뜬 다음부터는 내성적이고 낯을 가리는 사람이 되고 말았습니다.

내가 가장 견디기 힘들었던 것은 내가 가족 이외의 다른 사람들로부터 인정을 받지 못한다는 사실이었습니다. 나를 지켜준 부모의 품에서 벗어나 나를 보려고 했을 때 사회의 그 누구도 나를 인정해주지 않았습니다. 그것은 나에게 매우 부조리한 것이었습니다. 단순한 착각이었는지도 모르지만 그 시절 나는 그렇게 생각할 수밖에 없었습니다. 그때까지 일심동체였던 부모님조차 대상화해서 바라보게 되었습니다. 기분이 매우 살벌했습니다.

나는 이런 경험을 바탕으로 자아는 타자와의 '상호인정'에 의한 산물이라고 말하고 싶습니다. 그리고 중요한 것은 인정을 받기 위해서는 자기를 타자에 대해 던질 필요가 있다는 점입니다.

나는 타자와 상호 인정을 하지 않는 일방적인 자아가 존재할 수 없다는 것을 실감하고 있습니다. 확실하게 말해 타자를 배제한 자아는 존재하지 않습니다.

당신은 진지합니까?

물론 독일로 탈출해서 곧바로 내 정체성이나 자아의 문제에 대해 답을 내놓을 수 있었던 것은 아닙니다. 그때부터 다시 한참 동안 '나는 누구인가'라는 쳇바퀴 돌 듯 진전이 없는 문답을 내 속에서 되풀이했고, 그러다 겨우 사회에 대한 발언을 할 수 있게 되었습니다. 나는 늦되는 사람인 듯합니다.

자기에 대해 생각하는 것에 지쳐서 '어딘가 도망칠 구석이 없을까?' 하고 마음이 약해진 적도 있었습니다. 그렇지만 그것도 마음대로 되지 않았고, 결국 고민하고 괴로워하면서도 계속 생각할 수밖에 달리 방법이 없었습니다.

앞에서 타자와의 상호 인정을 통해서만 자아가 성립된다고 말했습니다. 그렇다면 타자와 연결되고 싶고 제대로 인정을 받고 싶을 때 도대체 어떻게 해야 하는 것일까요? 나는 '이것이 정답이다'라고 말할 힘은 없습니다. 그렇지만 『마음』에서 나쓰메 소세키는 매우 큰 것을 우리에게 가르쳐 줍니다.

그것은 '진지함'이라는 것입니다. '진지함'이란 '어중간함'과 반대되는 말입니다.

선생의 비밀을 알아내려고 하는 '나'에게 선생은 이렇게 묻습니다.

"당신은 진지합니까?" 선생이 다짐하듯 물었다. "나는 과거의 일 때문에 사람을 잘 믿지 않습니다. 사실 당신에게도 의심의 눈초리를 거두지 않고 있지요. 그렇지만 당신만은 의심하고 싶지 않아요. 당신은 의심하기에는 너무나 단순한 사람이거든요. 나는 죽기 전에 단 한 사람이라도 좋으니 누군가를 믿으며 죽고 싶습니다. 당신이 그 한 사람이 되어줄 수 있습니까? 바로 그 사람이 되어줄 수 있습니까? 당신은 뱃속까지 진지합니까?"

오늘날에는 '진지함'이라는 말이 별로 좋은 의미로 사용되지 않습니다. 그래서 '넌 진지하구나'라는 말을 들으면 놀림을 당한 기분이 듭니다. 그렇지만 나는 이 말을 좋아합니다.

진지하게 고민하고 진지하게 타자와 마주하는 것, 거기에 어떤 돌파구가 있지 않을까요? 어쨌든 자아의 고민의 밑바닥을 '진지하게' 계속 파고들어가다 보면 그 끝이 있을 것이고 타자와 만날 수 있는 장소에 도달할 수 있을 것입니다.

이런 의미에서 나쓰메 소세키가 "진지해져라"라고 말한 이유를 여러 가지 측면에서 생각해 보고 싶습니다. 다른 말로 표현하면 소세키가 살았던 시대는 그만큼 '자아'를 묻는 의미가 예리했다고도 말할 수 있습니다.

어중간한 태도를 취하면 안 됩니다. 이제 자아와 자기중심주의자를 착각해서 단지 '나'의 세계만을 주장해서는 안 됩니다.

더 생각해 볼 문제

1. 이 글에서 말하고 있는 '자아'와 '자기중심주의'는 어떻게 다른지 설명해 보자.

2. 저자가 나쓰메 소세키의 소설을 좋아한 이유는 무엇인지 생각해 보자.

3. 철학자 칼 야스퍼스의 '자기의 성을 쌓는 자는 파멸한다'라는 말과 '자아는 타자와의 상호 인정을 통해 성립된다'는 말을 연결해서 설명해 보자.

4. 타자와 연결되고 싶을 때, 사람들에게 제대로 인정받고 싶을 때 저자는 '진지함'이 필요하다고 말한다. 이 때 '진지함'이란 무엇을 말하는 것인지 각자 자신의 생각을 말해보자.

2. 나의 욕망을 아는 일의 가치

한동일, 『라틴어 수업』,

흐름출판, 2017.

이 책은 바티칸의 대법원에서 변호사로 일하고 있는 저자가 국내의 한 대학에서 라틴어 수업을 한 내용을 바탕으로 한 강의록의 형식을 갖고 있다. 그러나 강의록의 주된 내용은 딱딱한 라틴어 문법에 대한 것이 아니라 라틴어와 관련된 유럽의 문화와 역사, 자신의 삶의 철학과 가치관에 대한 것이다.

교재에 실린 대목은 저자가 '욕망'에 대해 설명하고 있는 부분이다. 저자는 스피노자의 욕망에 대한 개념을 라틴어 원문과 함께 해설해주면서, 욕망이란 인간에게 힘과 활기를 불어넣는 삶의 원천적 계기이자 존재의 이유라고 그 의미를 긍정적으로 설명한다. 그리고 이를 통해 자신에게 진정한 만족을 주는 일을 찾는 것이 곧 스피노자 식으로 '욕망을 추구하는 일'임을 말하고 있다.

저자 소개

한동일(1971~)

한국인 최초, 동아시아 최초의 바티칸 대법원 로타 로마나(Rota Romana) 변호사. 2003년 로마 교황청에서 세운 라테라노 대학교에서 석사학위를 최우등 수료했으며, 2004년 동 대학원에서 박사학위를 받았다. 한국과 로마를 오가며 이탈리아 법무법인에서 일했고 서강대에서 라틴어 강의를 했다. 로타 로마나의 변호사가 되려면 오랜 역사를 가진 교회법을 깊이 이해해야 하고 라틴어로 진행되는 사법연수원 3년 과정을 거쳐야 한다. 『카르페 라틴어 종합편』, 『유럽법의 기원』, 『교회의 재산법』, 『그래도 꿈꿀 권리』 등의 저서가 있다.

나는 욕망한다, 그러므로 나는 존재한다

일을 하다가 잠시 머리를 식힐 겸 숲을 걸을 때가 많습니다. 그럴 때 저는 제 마음 안에 고이는 생각들을 바라봅니다. 저는 끊임없이 '욕(慾)'하고 '망(望)'하고 있습니다. 저에 대한 정당하지 않은 사람들의 평가에 늘 마음이 상해 있었어요. 또 어느 날에는 뭔가에 부족함을 느껴 끊임없이 무언가를 가지고자 했습니다. 부처님의 가르침처럼 욕망을 끊을 수만 있다면 좋으련만 저는 그러지 못했습니다. 하지만 저는 욕망을 끊기보다 오히려 욕망하기로 했습니다. 스피노자의 말처럼요.

> Desidero ergo sum.
> 데지데로 에르고 숨.
> 나는 욕망한다. 그러므로 나는 존재한다.

스피노자는 위와 같이 주장합니다. 그러면서 욕망에 대해 선하다거나 악하다고 단정하기에 앞서 욕망이라는 것이 무엇인지 이해해야 한다고 이야기했어요. 이제까지 사람들은 욕망에 대해 비난하기만 했지 정작 누구도 인간의 정서와 욕망에 대해 제대로 규명한 적은 없었다는 겁니다(『에티카』 3부 부록).

스피노자는 욕망을 대할 때 전통적인 견해와 달리 기하학적 방식으로 다가갑니다. 욕망은 단순히 심리적 현상도 아니며, 종교적·도덕적 차원에서 단죄되어야 할 것도 아니라는 것이죠. 그에게 욕망이란 그 자체로 선하거나 악하지도 않습니다. 그에게 욕망이란 모든 자연 만물이 따르는 동일한 자연법칙에서 생겨난 것에 불과합니다.

한편 "나는 욕망한다, 그러므로 나는 존재한다"라고 하니 누군가의 말이 생각납니다. 데카르트의 유명한 말이죠. "코기토 에르고 숨(Cogito ergo sum, 나는 생각한다. 그러므로 나는 존재한다)." 이 말은 데카르트가 자신의 저서 『철학의 원리』에 남긴 철학적 언명으로 서구 철학의 기본 요소가 되었습니다.

사실 이 책은 원래 학자들이 아니라 프랑스 독자들을 위해 프랑스어로 쓰였습니다. 그래서 "나는 생각한다. 그러므로 나는 존재한다"라는 말 역시 라틴어가 아닌 프랑스어, "쥬 뺑스 동끄 쥬쒸(Je pense donc je suis)"로 쓰였습니다. 그러나 데카르트 철학의 중심인 중세와의 단절을 나타내기 위해 프랑스어 대신 라틴어 표현을 더 많이 쓰게 되었고, 그것이 현재에 와서는 프랑스어 원문보다 라틴어 표현이 더욱 유명해진 계기가 되었습니다. 여기서 데카르트가 인간의 존재 원리로 주장하여 지금까지 수많은 철학가들과 사상가들에게 영향을 준 '생각'에 대해 한 걸음 더 들어가 살펴보고자 합니다.

데카르트의 '생각하는 인간'은 인간 정신을 존재의 근본적인 규정으로 삼고 있으며, 인간의 감각이나 정서, 욕망마저도 모두 정신에 의해 지배받는 사고를 전제합니다. 그러나 스피노자는 인간의 정신이 신체를 지배한다는 데카르트의 주장과는 다른 생각을 하죠. 그는 정신과 신체 가운데 어느 하나가 다른 하나를 지배하지 않으며 이들은 모두 동일한 자연의 법칙을 따른다고 생각했습니다.

여기서 인간의 정신과 신체가 공통으로 따르는 법칙을 스피노자는 '힘(potentia)', 또는 '능력(potestas)'이라고 규정합니다. 신체에서 일어나는 충동이나 정신의 의지 모두가 동일한 '힘' 또는 '능력'에 의해 발생한다는 것입니다. 그리고 그 '힘'의 원천이 바로 '욕망'입니다. 따라서 인간의 정신과 신체는 각기 다른 방식으로 동일한 힘인 욕망을 표현합니다.

욕망을 없애려 하거나 억압하려고 하면 오히려 인간을 무기력하고 굴종적인 존재로 만들기 때문에, 스피노자는 이성으로 인간 욕망을 지배하거나 억압해야 한다고 생각하지는 않았습니다. 그는 오히려 욕망을 통해 창조적이고 능동적인 인간을 바라보고자 했어요.

다만 스피노자가 말하는 욕망은 인간의 능력, 자유와 예속의 문제와 관련된 것이기 때문에 무작정 쾌락을 즐기라고 말하지 않습니다. 그에게 있어 욕망은 긍정적이고 능동적인 것이죠. 중요한 것은 욕망과 관련하여 '무엇이 자기 능력을 증대시키고 자유롭게 만드는지' 아는 데 있다고 말합니다.

스피노자는 이렇게 말합니다. "예속적인 인간은 자신의 능력으로 활동하지 못하고 그저 운에 따라 이리저리 휩쓸리거나, 자신보다 강한 능력을 지닌 개체에 압도되어 수동적으로 존재할 수밖에 없다. 우리는 예속적일수록 무엇이 자기에게 유리한 것인지를 판단할 능력을 잃으며, 이로 인해 자신의 능력을 증대시킬 적합한 관계를 형성할 수 없게 된다. 여기서 욕망은 그저 맹목적인 채로 남아있고, 자신의 능력이나 활동을 확대시키지 못한 채로 무수한 단절과 실패만을 경험하게 되는 것이다."

그렇다면 인간인 우리는 어떻게 욕망으로부터 자유로울 수 있으며 예속에서 벗어날 수 있을까요? 이를 위해 스피노자는 자신의 욕망과 능력을 긍정하는 방식에서 출발합니다. 이러한 내용은 정치와 사회의 문제이기도 합니다. 하지만 여기서 거창하게 정치와 사회의 문제를 논하고 싶지는 않습니다. 저는 먼저 제가 일상에서 할 수 있는 것이 무엇인지부터 바라봅니다. 그리고 이 글을 쓰고 있는 순간조차 저는 '욕'하고 '망'합니다. 그리고 이렇게 생각하기로 했습니다.

> Desidero sed satisfatio.
> 데지데로 세드 사티스파치오.
> 욕망한다, 그러나 나는 만족한다.

아니, 좀 더 정확히 말하자면 저는 욕망하지만 만족하고 싶습니다.

'만족하다'라는 의미의 라틴어 '사티스파체레(satisfacere)'는 '충분한'을 의미하는 '사티스(satis)'라는 형용사와 '하다, 만들다'라는 의미의 동사 '파체레(facere)'의 합성어입니다. '사티스'는 '충분한, 넉넉한'이란 뜻으로 인도 유럽어에서 왔는데, 인도 유럽어에서는 이 단어 자체가 '만족'을 의미합니다. '사티스파체레'란 동사는 '충분히 무언가를 하다'라는 의미로, 충분히 무언가를 하면 거기에 만족감이 따라온다는 뜻입니다. 그래서 라틴어 '사티스파체레'는 '만족시키다, 만족을 주다'라는 의미로 확대되었습니다.

역사적으로 이 동사는 고대 로마의 희극 작가인 플라우투스가 처음 쓴 단어입니다. 그리고 '사티스파체레'란 동사에서 '사티스팍티오'란 명사가 파생하고 여기서 영어의 '새티스팩션(satisfaction)'이 유래합니다.

인간은 현실에 존재하지 않는 것을 보면서 이를 현실과 연결시켜 더 풍요롭게 하는 능력이 있습니다. 이 가상의 최고치는 아마도 '수(數)'가 될 겁니다. 사실 '수'를 포함한 모든 수학적 개념은 인간이 만들어낸 최고의 가상입니다. 그래서인지 인간은 어느 순간부터 행복의 기준으로 또 다른 가상인 수에 집착하는 것 같습니다. 집 평수, 집값, 연봉과 같은 수치가 내 행복의 조건이 되고 통장에 있는 잔고가 행복의 척도가 되는 것이죠. 이 숫자에 집착하며 그 자산의 액면가에 손상이 생기지만 않는다면, 가족들끼리 소통이 없고 관계가 소원하고 유대감이 부족해도 문제로 생각하지 않거나 위기감을 느끼지 못하는 경우가 흔합니다.

우리는 어쩌면 실제 돈의 가치보다 가상의 수치에 마음을 빼앗기며 사는지도 모르겠습니다. 만질 수 없고 도달할 수 없는 가상의 어떤 곳, 혹은 어떤 것을 행복으로 여기며 상처받고 아파하는 것은 아닐까요?

저는 인간이기에 욕망합니다. 그러나 만족합니다. 아니 만족하고 싶습니다. 그리고 여기서 더 나아가 만족할 수 있는 그 무언가를 찾고 싶습니다. 하지만 요즘은 청년들을 비롯해 많은 사람들이 마음껏 욕망하는 것조차 주제넘다고 생각할 정도로 빠르게 많은 것을 포기하는 것 같습니다. 이건 사회 시스템이 제대로 뒷받침되어 있지 않은 것이 문제이고, 과거처럼 노력하면 될 거라고 말할 수 없는 현실이 문제인 것입니다. 그럼에도 불구하고 우리는 욕망하기를 멈출 수 없습니다. 그게 인간으로서 우리가 존재하는 이유이기 때문입니다.

한걸음 더 나아가 생각해 봅니다. 어쩌면 문제는 욕망하는가 아닌가에 있지 않고, 무엇을 욕망하는가에 있지 않은가. 무엇을 욕망하고, 무엇을 위해 달릴 때 존재의 만족감을 느끼는지 생각해볼 필요가 있습니다. 본질적으로 나를 충만하게 하는 욕망이 필요한 때입니다.

더 생각해 볼 문제

1. 일반적으로 '욕망'이라는 말을 어떻게 생각하는지 말해 보자.

2. 스피노자의 욕망은 어떤 힘을 말하는가?

3. 스피노자는 욕망을 억압하면 어떻게 된다고 했는가? 반대로 욕망을 발견하고 추구하면 어떻게 된다고 했는가?

4. 각자 자기에게 있는 '나를 충만하게 하는 욕망', '존재의 만족감을 느끼게 해주는 욕망'이 어떤 것인지 생각해보고 그것을 함께 이야기해 보자.

3. 인간관계, 만남, 성장

헤르만 헤세, 『데미안』,

전영애 역, 민음사, 2000.

『데미안』은 독일의 교양소설(Bildungs Roman)의 전통 속에 있는 성장소설의 고전이다. 교양소설, 성장소설 장르는 기본적으로 한 인간의 유년기와 청소년기의 방황과 고민을 다루며, 그러한 갈등을 겪으면서 정신적으로 성장하고 성숙한 성인이 되는 내용을 담고 있다. '새는 알에서 나오려고 투쟁한다'라는 『데미안』의 유명한 문구는 어른이 되기 위해 겪어야 하는 통과의례를 뜻하는 명제로 자주 인용된다.

교재에 나오는 대목은 주인공인 싱클레어가 불량배인 프란츠 크로머로 인해 겪게 되는 유년기의 고통스러운 사건과 그 사건을 해결해주며 등장한 신비한 선배인 데미안과의 만남을 보여주는 장면이다. 두 인물은 각각 어떤 세계를 상징하는지, 이들이 각각 싱클레어와 맺는 관계는 어떤 것인지 생각하며 읽어보자.

저자 소개

헤르만 헤세(1877~1962)

독일의 시인, 소설가. 기숙사의 엄격한 규율 생활을 견디지 못하고 자유로운 시인의 생활을 동경하며 수도원 학교를 뛰쳐나왔다. 시계공장과 서점에서 견습생으로 일하기도 하고 자살을 시도해 정신병원에 입원하기도 하며 정신적 방황과 고뇌의 시간을 보냈다. 1906년 자전적 소설 『수레바퀴 밑에서』를 출간해 작가로서의 입지를 다지기 시작하여 1946년 노벨문학상과 괴테상을 수상했다. 『데미안』, 『싯다르타』, 『황야의 이리』, 『나르치스와 골드문트』, 『유리알 유희』 등의 많은 작품을 남겼다.

프란츠 크로머와의 만남

마침내 우리는 땅바닥에 앉았고, 프란츠 크로머는 강물에도 침을 뱉었다. 그 애는 어른처럼 보였다. 잇새로 침을 탁 뱉는데 어디든 원하는 곳을 맞췄다. 그가 얘기를 시작했다. 그러자 다른 아이들도 자기가 저지를 수 있는 온갖 나쁜 짓거리들을 자랑삼아 떠벌렸다. 나는 아무 말도 하지 않았다. 그렇지만 바로 나의 말없음이 시선을 끌어 크로머의 노여움을 사게 되지 않을까 두려웠다. 두 친구는 처음부터 나와는 거리를 두었고 크로머 편이라고 공언한 터라 나는 그들 속의 외부인이어서, 내 옷이며 태도가 그 애들에게 거슬리는 것임을 알고 있었다. 라틴어 학교 학생이며 좋은 집안 자식인 나를 크로머가 좋아할 리 없었다. 그리고 다른 두 아이는 여차하면 내가 골탕을 먹어도 모르는 척 내버려 둘 것임을 나는 잘 알고 있었다.

두려운 나머지 마침내 나도 이야기를 늘어놓기 시작했다. 황당무계한 도둑 이야기를 꾸며냈는데 나를 그 주인공으로 만들었다. 모퉁이 물방앗간집 과수원에서, 하고 나는 이야기를 시작했다. 어느날 밤에 친구 하나와 커다란 자루 하나 가득 사과를 훔쳤는데 그냥 보통 사과가 아니라 비싼 최고의 품종이었다고 했다. 순간의 위험을 피하여 나는 이 이야기로 도피해 들어간 것이었다. 이야기를 꾸며내 들려주는 것은 나에게는 흔히 있는 일이었던 것이다. 금방 말이 막혀 더 고약한 일에 말려드는 사태만은 벌어지지 않도록, 나는 온갖 기교를 동원하여 이야기를 불려나갔다. 둘 중 하나가 나무에 올라가서 사과를 밑으로 던지는 동안 다른 하나는 계속 망을 보아야 했다고 나는 이야기했다. 그런데 자루가 어찌나 무거웠는지 마침내 우리는 다시 풀어서 반을 놔두고 와야 했는데, 반 시간 뒤에 다시 가서 그것도 마저 가져왔다고.

이야기를 다 했을 때, 나는 조금 박수를 기대했다. 마지막에는 열이 올랐다. 이야기를 꾸며내는 데 스스로 도취되었던 것이다. 작은 두 아이는 심드렁하니 말이 없었다. 그러나 크로머는 반쯤 뜬 실눈으로 나를 쏘아보며 위협하는 목소리로 물었다.

"그 얘기 진짜야?"

"그럼." 내가 말했다.

"그러니까 진짜로 있었던 일이라 이거지?"

"그래 진짜로 있었던 일이야."

속으로는 겁이 나 숨이 막히는 것 같은데도 나는 고집스럽게 단언했다.

"맹세할 수 있어?"

나는 몹시 놀랐지만 즉시 그렇다고 했다.

"그럼 말해. 하느님을 걸고 목숨을 걸고 맹세한다고!"

나는 말했다.

"하느님을 걸고 목숨을 걸고 맹세해."

"그러셔." 하더니만 그애는 몸을 돌려버렸다.

그걸로 잘 끝났다고 나는 생각했고, 그 애가 곧 일어나 집으로 돌아가는 길로 접어들자 기뻤다. 우리가 다리 위에 왔을 때 나는 수줍게 이제 집으로 가야 한다고 말했다.

"집에 가는 게 뭐 그리 급하냐." 프란츠가 웃었다. "우린 가는 길이 같잖아."

어슬렁어슬렁 그 애는 계속 걸어갔고, 나는 감히 딴 데로 가지 못했다. 그런데 그 애는 정말로 우리 집 쪽으로 향하고 있었다. 우리가 다 왔을 때, 우리 집 현관문과 묵직한 구리 문 손잡이, 어머니 방의 커튼이 보였을 때 나는 깊이 숨을 내쉬었다. 오, 집으로 돌아왔구나! 오, 축복받은, 선한 귀환, 집으로, 밝음 속으로, 평화 속으로 귀환!

내가 얼른 문을 열고 살짝 빠져 들어가 등 뒤로 문을 닫으려는 참에 프란츠 크로머가 함께 밀고 들어섰다. 마당 쪽에서만 빛이 들어오는 서늘하고 침침한, 타일 깔린 복도에서 그애가 내 곁에 서서 내 팔을 붙들고 나직이 말했다. "그렇게 바쁘게 굴지 마, 너!"

놀라서 나는 그 애를 응시했다. 내 팔을 움켜쥔 그 애의 손은 무쇠처럼 단단했다. 나는 생각해 보았다. 그 애가 대체 무슨 속셈을 가졌는지, 혹시 나를 괴롭히겠다는 것인지. 지금 내가 소리를 지른다면, 하고 나는 생각했다. 요란하게 소리를 지른다면 위에서 제때 나를 구하러 내려올 것인가? 그러나 나는 포기했다. 내가 물었다.

"뭐야? 어쩌겠다는 거야?"

"별 거 아니야. 너한테 그냥 뭘 좀 물어봐야겠어. 다른 사람들은 들을 필요 없고."

"그래? 좋아. 날더러 무얼 더 이야기하라는 거야? 나는 올라가야 해. 알잖아."

"너도 알겠지." 프란츠가 나직이 말했다. "모퉁이 물방아 곁 과수원이 누구네 것인지?"

"아니, 몰라. 물방앗간 주인 거겠지, 뭐."

프란츠는 내 어깨에 팔을 두르더니 나를 자기한테로 바싹 끌어당겼다. 이제 나는 바로 코앞에서 그의 얼굴을 보아야만 했다. 그의 두 눈은 사악했다. 프란츠는 음흉한 미소를 띠고 있었고 얼굴에는 잔인한 기운이 넘쳤다.

"그렇다면 그 과수원이 누구네 것인지 내가 말해주지. 난 그 집 사과가 도둑맞았다는 걸 벌써 오래전부터 알고 있었어. 주인이 누가 과일을 훔쳐갔는지 말해주는 사람한테는 이 마르크를 주겠다고 말했다는 사실도 알고 있지."

"맙소사!" 나는 소리쳤다. "그래도 네가 그 사람한테 무슨 말을 하진 않겠지?"

그 애의 명예심에 호소한다는 것이 소용없는 일임을 나는 느꼈다. 그는 다른 세계에서 왔다. 배신 따위는 그 애에게는 범죄가 아니었다. 이런 일에 있어서는 '다른' 세계에서 온 사람들은 우리들과는 다르다는 것을 나는 정확하게 느꼈다.

"무슨 말을 하진 않겠지?" 크로머가 웃었다. "이봐 친구, 내가 직접 이 마르크를 만들어낼 수 있는 화폐 위조범이라도 된다고 생각하는 거야? 난 가난한 놈이야. 너처럼 부자 아버지가 없단 말이야. 그러니 이 마르크를 벌 수 있다면 벌어야지. 어쩌면 주인은 더 줄지도 모르지."

그러더니 갑자기 나를 다시 놓았다. 우리 집 현관에서는 이제 더 이상 평화와 안전의 냄새가 나지 않았다. 세계가 내 주위에서 무너졌다. 프란츠가 떠들고 다니겠지. 내가 죄를 지었다고. 그 말을 아버지한테도 하겠지. 어쩌면 경찰까지 올 지도 몰라. 모든 혼돈의 공포가 나를 위협하고 있었다. 모든 흉측하고 위험한 것이 나를 덮쳐왔다. 내가 훔치지 않았다는 것은 이제 문제가 되지 않았다. 나는 맹세까지 하지 않았던가. 하느님 맙소사!

눈물이 핑 돌았다. 절망하여 모든 호주머니를 뒤졌다. 사과도, 주머니칼도 없었다. 그때 시계 생각이 났다. 낡은 은시계였는데 할머니가 물려주신 시계였다.

데미안과의 만남

상쾌하고 낮은 목소리가 나를 불렀다. 나는 놀라 빨리 걷기 시작했다. 누군가가 내 뒤를 따라오더니 한 손이 뒤에서 부드럽게 나를 잡았다. 막스 데미안이었다. 나는 잡힌 척했다.

"형이었구나?" 나는 불안정하게 말했다. "깜짝 놀랐어."

그가 나를 바라보았다. 그의 시선이 그때보다 더 어른스럽고 압도적이며 꿰뚫어보는 사람의 시선인 적은 없었다.

"그거 유감인데." 그가 특유의 예의 바르면서도 아주 단호한 태도로 말했다. "하지만 누가 놀라게 한다고 그렇게 놀라서는 안 돼."

"그렇긴 하지. 하지만 그럴 수도 있지, 뭐."

"그래. 하지만 알아둬. 너한테 아무 짓도 하지 않은 어떤 사람 앞에서 그렇게 두려워 떨면 그 사람은 생각을 하기 시작해. 이상하게 생각이 되는 거야, 궁금해지지. 사람이 저러는 건 겁이 날 때인데, 라고. 겁쟁이들은 언제나 불안해. 하지만 내 생각에 너는 원래 겁쟁이가 아니야. 지금 넌 뭔가 겁나는 일이 있어. 겁나는 사람도 있고. 그런데 그건 결코 있어서는 안 될 일이야. 그래, 사람을 무서워해서는 안 되지. 나를 무서워하진 않지? 혹시 내가 무섭니?"

"아니야, 전혀 안 무서워."

"그렇지. 하지만 네가 무서워하는 사람이 있는 거 같은데?"

"몰라……. 날 내버려둬. 나한테 뭘 바라는 거야?"

그는 나와 나란히 걸었다. 나는 더 빨리, 도망칠 생각을 하며 걸었다. 곁에서 그의 시선이 느껴졌다.

"넌 지금 두려운 일이나 사람이 있는 거야. 그게 어디서 비롯되었을까? 그 누구도 두려워할 필요 없어. 누군가를 두려워한다면 그건 그 누군가에게 자기 자신을 지배할 힘을 내주었다는 것이지. 예를 들어 네가 뭔가 나쁜 일을 했고, 상대방이 그걸 안다고 해보자. 그럴 때 그가 너를 지배하는 힘을 가지는 거야. 알아들었니? 이제 분명하지, 안 그래?"

나는 어찌할 바를 모르고 그의 얼굴을 들여다 보았다. 언제나처럼 진지하고 영리했다.

그러면서도 너그러웠지만 정다움이 깃들여 있기보다는 오히려 엄격했다. 정의나 혹은 뭔가 그 비슷한 것이 있었다. 나는 내게 무슨 일이 벌어지고 있는 건지 몰랐다. 그는 마술사처럼 내 앞에 서 있었다.

"이해했니?" 그가 다시 한 번 물었다.

고개를 끄덕였다. 아무 말도 할 수 없었다.

"그러면 이 재미있는 생각을 조금 더 해보자! 그러니까 우리는 찾아낸 거야. S라는 소년이 잘 놀란다. 그 애는 누군가를 무서워한다. 분명 그 애와 상대방 사이에는 몹시 불편한 비밀이 하나 있다. 대강 맞지?"

꿈 속에서처럼 나는 그의 목소리에, 그의 영향력에 굴복하고 있었다. 그 목소리는 내 자신에게서만 나올 수 있는 목소리가 아니었을까? 모든 것을 아는 목소리는 아니었을까? 내 자신보다 모든 것을 더 잘, 더 명확하게 아는 목소리가 아니었을까?

데미안이 내 어깨를 힘차게 두드렸다.

"그럼 맞는 거지. 그럴 줄 알았어. 이제 딱 한 가지 질문만 더 할게. 아까 저기서 가 버린 애 이름이 뭔지 너 아니?"

나는 흠칫했다. 건드려진 나의 비밀이 고통스럽게 내 속에서 다시 움츠러들었다. 밖으로 나오려 하지 않았다.

"누구? 다른 애는 없었어. 나뿐이었지."

그가 웃었다.

"그냥 말해." 그가 웃었다. "그 애 이름이 뭐지?"

나는 조그맣게 말했다. "저, 프란츠 크로머 말이야?"

흡족해서 그가 내게 고개를 끄덕여 주었다.

"브라보! 넌 똑똑한 녀석이구나. 우린 친구가 될 것 같다. 그런데 해줄 말이 있어. 그 크로머는 말이야, 나쁜 녀석이야. 그 애 얼굴에 악당이라고 쓰여 있지. 넌 어떻게 생각해?"

"응, 그래." 내가 한숨을 푹 내쉬었다. "그 애는 나빠. 악마야. 하지만 그 애가 아무것도 알아서는 안 돼! 맙소사, 제발, 그 애가 알아서는 안 돼! 그 애를 알아? 그 애가 형을 알아?"

"진정해. 그 애는 갔어. 그리고 나를 몰라. 아직은. 하지만 난 그 애에 대해 알고 싶은 걸."

"안 돼! 나를 내버려 둬!"

그는 한동안 말이 없었다.

"그래. 널 괴롭히지는 않을게. 하지만 그 애를 두려워하는 것이 올바르지 않다는 것은 너도 알지? 그렇게 되면 두려움이 우리를 완전히 망가뜨리는 거야. 그런 건 떨쳐버려야 해. 네가 제대로 된 남자가 되려면 말이야. 이해하겠니?"

"분명, 형 말이 …… 전적으로 맞아. 하지만 그렇게 안 되는 걸. 형은 몰라……."

"어떤 면에서는 내가 네 생각보다 많이 알 때도 있어. 너, 그 애에게 혹시 돈 빚진 거라도 있니?"

"그래, 그렇기도 해. 그렇지만 그게 중요한 문제는 아니야. 난 말할 수 없어, 할 수 없어!"

"네가 빚진 돈을 내가 갚아주어도 아무 소용이 없다는 거니? 내가 너한테 줄 수도 있는데."

"아니야, 아니야. 부탁이야. 아무에게도 그 이야기를 하지 말아줘! 한 마디도! 형은 나를 불행하게 해!"

"날 믿어, 싱클레어. 넌 언젠가 너희들 사이의 비밀을 나에게 알려줄 거야."

"결코 그러지 않을 거야, 결코!" 내가 격렬하게 소리쳤다.

"네가 하고 싶은 대로 해. 난 그냥 네가 나중에 한번은 내게 말하겠지, 라고 생각해. 자발적으로 말이야. 내가 그 크로머처럼 굴진 않을 테니까. 그건 믿어줘. 또 넌 나한테는 아무 것도 빚진 게 없잖아."

우리는 오랫동안 말이 없었다. 그리고 나는 점차 안정감을 느꼈다. 그러나 데미안이 사실을 알고 있다는 것이 점점 수수께끼 같아졌다.

"이제 집에 가봐야겠다." 그는 햇빛 속에서 자기의 외투를 더 단단히 여몄다.

"한 가지만은 말해주고 싶어. 우리가 벌써 이만큼 왔기 때문에 말이야. 넌 그 녀석을 떨쳐야 할 것 같다! 달리 안 된다면 그 애를 때려죽여! 만약 네가 그렇게 한다면 나도 좋겠어. 내가 널 도와줄 거야."

나는 새롭게 겁이 났다. 카인의 이야기가 갑자기 다시 떠올랐다. 무시무시해져 나는 훌쩍훌쩍 울기 시작했다. 내 주위에 무시무시한 일이 너무 많았던 것이다.

"괜찮아." 막스 데미안이 미소를 지었다. "집에 돌아가. 그런데 우린 벌써 그를 떨쳐내는 일을 하고 있어, 때려죽이는 것이 가장 간단한 일이겠지만 말이야. 그런 일들에서는 가장 단순한 것이 늘 최선의 것이지. 크로머와 사귀는 건 좋지 않아."

더 생각해 볼 문제

1. 싱클레어가 처음에 프란츠에게 사과를 훔친 일을 꾸며내 이야기한 이유는 무엇인가?

2. 프란츠는 싱클레어를 어떻게 협박했는가?

3. 데미안은 싱클레어에게 '두려움'이란 '상대에게 자기 자신을 지배할 방법을 내주는 것'이라고 말한다. 싱클레어가 프란츠에게 느낀 두려움의 감정과 그들 사이에 생긴 관계를 '지배'와 '권력'이라는 개념으로 설명해 보자.

4. 싱클레어에게 '가족'과 '프란츠'와 '데미안'은 서로 다른 세 개의 세계이다. 각각의 세계가 무엇을 뜻하는지 설명해 보자.

5. 데미안은 싱클레어에게 '두려움을 극복하는 법'을 가르쳐주고 어른의 세계로 나아가게 만들어준 친구이자 선배이다. 친구들 중에서 좀 더 성숙한 누군가를 만난 적이 있는가? 친구나 선배와의 관계를 통해 성장의 경험을 한 적이 있는지 돌아보고 서로 이야기를 나누어 보자.

4. 나와 타자, 관계의 상호성, 상처를 통한 성장

김애란, 「너의 여름은 어떠니」, 『비행운』,

문학과지성사, 2012.

단편소설 「너의 여름은 어떠니」는 20대 중반의 한 여성이 한때 좋아했던 대학 선배에게 연락을 받고 과거를 회상하는 내용을 담고 있다. 선배에게 연락을 받음과 동시에 초등학교 때의 친구와 있었던 일을 겹쳐서 기억하게 되면서, 자신과 타인이 연결되어 있다는 것, 관계에서 상처를 받을 수 있다는 것, 관계에 따라 입장이 달라지는 경험을 할 수도 있다는 것을 깨닫게 된다는 내용이다.

동시에 이 작품에는 여성의 '몸'에 대한 자기 인식, 좋아하는 상대가 생겼을 때 갖게 되는 설렘의 감정, 좋아하는 감정을 표현하거나 거부하거나 모른 척하기 위한 미묘한 여러 가지 방법들이 흥미롭게 표현되어 있기도 하다. 연애와 상처, 그리고 인간관계의 상호성에 대해 생각해 보면서 읽어보기로 하자.

저자 소개

김애란(1980~)

한예종 극작과 졸업. 2003년 「노크하지 않는 집」으로 등단한 이후 『달려라 아비』, 『침이 고인다』, 『두근두근 내 인생』, 『비행운』 등의 다수의 작품집을 펴냈다. 짧은 호흡의 문장, 특유의 발랄함과 유머 감각, 일상적인 소재와 특징적인 성격화 방식 등으로 최근 가장 주목받는 젊은 작가로 부상했다.

선배로부터 만나자는 연락이 왔다. 2년만이었다. 오늘은 일이 있다고 했다. 선배는 선배답지 않게 물었다. 몇 시에? 저녁 때 고향에 가봐야 해요. 뭉그적 휴대전화를 만지작거리다 덧붙였다. 친구 장례식이 있어서요. 선배는 "아……" 하고 대꾸한 뒤 꾸물대다 물었다. 그럼 오후는 어떠니?

서랍장을 뒤지다 내친김에 옷 정리를 했다. 6월인데도 밖은 몹시 무더웠다. 책상 위 수납 상자를 내려 방바닥에 쏟았다. 집 안 가득 지난해 먼지가 풀썩였다. 서랍 안의 것도 전부 꺼냈다. 겨울옷을 상자로 옮기고 여름옷을 채울 생각이었다. 옷의 크기는 제각각이었다. 체중이 자주 왔다 갔다 해서였다. 가장 말랐을 때와 지금의 차이는 20킬로그램. 반년 전, 두 번째 직장을 관두고 몸이 급속도로 불었다. 한동안 방바닥에 엎드려 노트북만 들여다봤다. 군것질거리를 쌓아두고 인터넷을 하거나 미국 드라마를 보는 식이었다. 선배 역시 누군가에게 내 소식을 전해 듣고 연락한 듯했다. 그렇지 않고서야 평일 대낮에 그렇게 갑작스러운 부탁을 하진 않았을 거다. 무거운 옷에 싫증이 나 있던 터라 설레는 맘으로 여름옷을 솎았다. 작년에는 정말 많은 옷을 샀다. 계절별로, 유행 따라, 기분대로. 그만한 경제력이 있었고 새삼 예쁘게 입는 즐거움을 발견해서였다. 옷 사면 사람 만나야 하고, 사람 만나면 술 마셔야 되고, 술 마시면 실수하고, 실수하면 후회하게 되리란 걸 알았지만. 그런 패턴조차 내가 사회적인 문법에서 크게 벗어나지 않은 삶을 살고 있다는 안도감을 주었다. 그리고 그땐 내 몸이 마음에 들었다.

지금보다 몸무게가 더 나간 건 고3 때밖에 없었다. 어느 날, 썰지 않은 식빵을 껴안고 통째로 뜯어먹고 있던 내게 티브이를 보던 아버지가 갑자기 소리친 적이 있다.

"그만 좀 처먹어라!"

평소 대화가 드문 집안이라 모두 어리둥절한 표정으로 아버지를 쳐다봤다. 아버지는 점잖고 순하기로 소문난 사람이었다. 그 전에도 또 그 뒤에도 아버지와 대화를 해본 적은 거의 없다. 그러니까 살면서 아버지가 내게 거의 유일하게 그리고 진지하게 건넨 말은 '그만 좀 처먹어라'가 된 셈이다. 반면 엄마는 내가 무얼 먹든 격려하는 사람이었다.

지금도 명절 때면 친척들 앞에서 "쟤는 아침에 일어나자마자 물도 안 마시고 떡부터 먹어요"라고 자랑하는 여자. 내가 48킬로그램이든 70킬로그램이든 지금이 딱 좋다고 얘기하는 '엄마' 말이다. 나는 부모님의 반응에 덤덤한 태도를 보여왔다. 그때까진 나도 내 살이 젖살인 줄 알았다.

여름옷은 기대만큼 예쁘지 않았다. 보자마자 모두 흥분해서 산 것인데 이상했다. 유행은 왜 금방 낡아버리는지. 약간의 시간이 지났을 뿐인데. 쭈글쭈글 함부로 쌓인 옷더미가 내 남루한 취향과 구매의 이력처럼 느껴져 울적했다. 지난해 내가 우쭐한 기분으로 걸치고 다닌 것은 무엇이었을까 하고. 어쨌든 장례식에 입고 갈 옷을 골라야 했다. 바지와 스커트 사이에서 고민하다 무릎까지 오는 검은색 에이라인 치마를 택했다. 다행히 같은 색 블라우스가 있어, 간절기 복장으로 나쁘지 않을 듯했다. 검은 옷이라면 사실 얼마든지 있었다.

선배는 나를 처음 야구장에 데려가준 사람이었다. 홍대 인디 문화가 뭔지, 대학로 소극장의 서늘함이 얼마나 기분 좋은 건지 알려준 사람. 어느 집단에나 있는 친절하고 인기 많은 남자 말이다. 나는 지금껏 선배처럼 이상적인 남자를 본 적이 없다. 존경도 하고, 말벗도 하고, 괜찮다면 잠도 같이 자고 싶은 사람. 혹 요사스런 성적 취미가 있다 해도 '남들은 자유를 사랑한다지만 나는 복종이 좋아요'라고 말하며 눈 딱 감고 따라가보고 싶은 그런 상대 말이다. 당시 나는 사내들에 대한 근거 없는 편견을 갖고 있었다. 세상엔 두 종류의 남자가 있는데, 착하고 재미없는 남자와 재밌지만 나쁜 남자가 전부라는 생각이었다. 세계가 그렇게 납작하게 만들어지지 않았다는 건 나중에 알았지만. 사실 내가 좋아하는 사람은 착한 사람도 나쁜 사람도 아닌 인간의 복잡함과 울퉁불퉁함을 잘 헤아릴 줄 아는 남자라는 것 역시 뒤늦게 깨달았지만. 그땐 선배가 착하면서도 유쾌할 수 있는 유일한 이성처럼 느껴졌다. 면면의 시원찮음과 별개로, 내 또래 남자애들은 다 병신이라 생각하며, 스스로 조숙하다 자부하는 여대생의 오만도 한몫했다.

선배를 만난 건 신입생 환영회 때였다. 그때 나는 너무 많은 사람, 몹시 나쁜 공기, 엄청 많은 상품들 사이에서 갈팡질팡하고 있었다. 물론 교정의 초목과 잘 식은 봄밤 공기는 가슴을 떨리게 하기에 충분했다. 지금도 나는 나무가 뿜어내는 '피톤치드'라는 식물의 방어 물질에 사랑의 묘약이 섞여 있다고 믿는 편이다. 그렇지 않고서야 신학기의 그 많은 청춘이 그렇게 동시에 상기된 채 해롱댈 수는 없는 일이다. 번식기의 젊음이 내뿜는 에너지는 은근하며 서툴렀고 노골적인 동시에 싱싱했다. 나는 스무 살을 새로운 도시에서 맞는 게 좋았다. 철학과 사람들의 눈빛과 말투, 안색에도 호감을 느꼈다. 하지만 그 나이엔 의당 그래야 하는 듯 알 수 없는 우울에 싸여 있었고, 내 우울이 마음에 들었으며, 심지어는 누군가 그걸 알아차려주길 바랐다. 환영식 날, 잔디밭에 모인 무리에서 슬쩍 빠져나온 것도 그 때문이었다. 내가 거기 없다는 걸 통해, 내가 거기 있단 사실을 알리고 싶은 마음. 나는 모임에서 이탈한 주제에 집에도 기어들어가지 않고 인문대 주위를 서성이고 있었다. 스스로 응석을 부리며 뭔가 흉내 내는 기분이 못마땅했지만. 숨은 그림 찾아내듯 누군가 나를 발견하고, 내 이마에 크고 시원한 동그라미를 그려주길 바랐다. 그런데 거기, 어두운 인문학관 통로에 선배가 있었다. 복도 끝 굽이진 곳에 길고 흐린 실루엣으로. 중요한 건 선배가 나를 알아봤다는 거다.

"너, 미영이지? 서미영."

"예? 예."

나는 선배가 내 이름을 안다는 사실에 놀랐다. 동시에 슬며시 불안한 마음이 들었다. 내가 뚱뚱해서 눈에 띄었나 싶고, 조금 전 진실게임에서 아주 지저분한 농담 하나를 실패하고 온 참이어서 그랬다.

"운산에서 왔다며. 우리 아버지 고향이랑 같아서 기억했어."

"아, 네."

"왜 혼자 있니?"

"아, 저, 그냥, 뭣 좀 생각하느라고요."

형편없는 핑계 때문인지 내가 눈을 심하게 깜빡여서 그랬는지 선배가 조그맣게 웃었다.

"없어서 찾았어. 이따 보자."

나는 엉거주춤 목례한 뒤 그와 반대 방향으로 걸어갔다. 딱히 목적지는 없었지만 그래야 할 것 같아서였다. 그는 잔디밭으로 향하다 몇 발짝 안 가, 돌아서며 한마디 했다.

"고개 좀 들고 다녀라, 이 녀석아."

아마, 그래서였을 거다. 훗날 누군가 내게 사랑이 무어냐고 물어왔을 때, '나의 부재를 알아주는 사람'이라 답한 것은. 정색하고 말하는 바람에 술자리를 썰렁하게 만들어버렸던 것은. 그런 뒤 나조차 어색해져 마구 마셔버렸던가. 흥이 올라 진실게임을 하자고 선동하는 과장님께 "저기요, 제가 세상에서 제일 싫어하는 게 진실이고, 두 번째로 싫어하는 게 게임이거든요?"라고 주정해버린 밤. 그날도 아마 신입사원 환영회였을 거다. "하하하, 서미영 씨 왜 그래?"라는 대리님 말에, 나는 〈말죽거리 잔혹사〉의 주인공처럼 "대한민국 진실 다 족구하라 그래!"라고 장렬하게 외치며 테이블 위로 쓰러졌다. '대한민국 학교 다 좆 까라 그래'란 영화 대사를 응용한 거였다. 그러곤 투피스 차림으로 의자에 앉아 다리를 벌리고 잤다던가. 그 후 직장 생활 내내 나는 '진실포비아', '게임포비아'라는 놀림을 받았다.

'고개 좀 들고 다녀라, 이 녀석아.'

이 녀석아, 이 녀석아…… 친근한 표현인지, 애써 상대의 성(性)을 지워버리려는 노력이었는지는 알 수 없다. 선배는 곧잘 나를 '녀석'이라 불렀다. 그런 뒤 그가 커다란 손바닥으로 머리칼을 마구 헝클어줄 때면, 뭉클하니 아득해져 까치발을 든 채 '더요! 더요!'라고 외치고 싶어지곤 했다. 어쨌든 1분도 안 되는 시시한 순간이었지만, 준이 선배는 그날 자기도 모르는 새 중요한 일을 하나 해내고 있었다. 내 머리에 붉은 동그라미를 그려준 거였다.

약속장소는 꽤 멀었다. 나프탈렌 냄새 밴 여름옷을 세탁기에 넣어 돌리고, 밥을 물에 말아 통조림 참치를 얹어 먹은 뒤 일찌감치 집을 나섰다. 지하철에선 벌써 에어컨이 작동하고 있었다. 오랜만의 외출. 유리창 안으로 순한 연두색 풍경과 햇빛이 쏟아졌다. 눈을 감고 깊은 숨을 쉬었다. 유리벽을 뚫고 투명한 피톤치드 입자가 방울방울 스며오는 느낌이었다.

'좋은 거구나 이거. 좋았던 거구나, 요즘 공기……'

숨을 내뱉자 허리에 바로 부담이 왔다. 아까부터 배에 힘을 주고 있던 터라 속이 더부룩했다. 스커트 호크가 뜯어질까 불안했다. 예전에도 소개팅 자리에서 쫄티를 입고 숨을 참다 상대 앞에서 신트림을 한 적이 있었다.

오전에 전화를 받고 처음에는 나가지 않겠다고 결심했다. 내 근황을 설명하기 싫었고, 예전보다 뚱뚱해진 모습을 보여주고 싶지 않아서였다. 선배는 내가 가장 말랐을 때의 모습을 본 적이 없다. 선배를 막 좋아할 무렵부터 살을 빼, 입사할 무렵에야 몸매가 잡혔다. 선배가 혹 내 얼굴에서 낙오자의 안색을 발견하면 어쩌나 조바심도 났다. 광합성을 하는 사람에게는 광합성의 빛이, 전자파를 먹고 사는 사람에게는 전자파의 빛이 얼굴에 드러나기 마련이니까. 하지만 선배의 '도와달라'는 한마디가 마음을 흔들었다. 폐 끼치기 싫어하는 성격에, 오죽하면 내게 연락했을까 싶었다. 한편으론 선배가 어려울 때 나를 찾아줘서 고맙고 기뻤다. 상갓집엔 늦어도 상관없었다. 버스 터미널 근처에 있는 병원이고, 부모님 댁에서 잘 계획이라 막차만 놓치지 않으면 됐다.

- 어디쯤이니?

휴대전화 진동음에 놀라 나도 모르게 몸을 떨었다.

- 가고 있어요. 1시 전에 도착할 듯해요.

- 로비에서 전화 줄래. 와줘서 고맙다.

나는 '고맙다'는 글자를 엄지 손가락으로 가만 훑었다. 그러곤 멍하니 창밖을 보다 입 속 단내가 걱정돼 가방에서 껌을 꺼내 씹었다.

선배도 알았을까? 내가 선배를 오래 바라봤다는 걸. 동경했지만 좋아도 했다는 걸. 그럴 수도 있고 아닐 수도 있다. 어느 쪽이라도 상관없다. 어차피 선배에겐 여자친구가 있었으니까. 나는 그들이 쌓은 시간을 이길 수 없다고 생각했다. 얼굴 한 번 본 적 없는 여자인데도 분명 나보다 나은 사람일 거라 확신했다. 아무렴, 선배가 고른 여자인데 그렇고말고. 기분 같아선 그 여자까지 사랑해버리고 싶은 마음이었다. 처음에는 나도 욕심이 없었다. 내게 준이라는 선배, 그리고 친구가 생겼다는 데 감사했다. 살면서 진심으로 말이 통하는 사람을 만나기란 어려운 일이니까. 다만, 티브이도 없고 컴퓨터도 없는 음습한 자취방에서 이따금 확인하는 선배의 문자가 참 반가웠던 기억은 난다. 한밤중 메시지 도착을 알리는 조그만 불빛을 따라 내 마음도 빨갛게 깜빡거렸다는 것과, 그 나이에만 쓸 수 있는 순수하고 유치한 문장들에 내가 퍽 의지하고 있었다는 사실도. 선배는 내 이야기를 잘 들어줬다. 쉽게 판단하거나 충고하지 않았고, 범박하고 산뜻한 농담도 잘 해줬다. 상대에게 수치심을 주지 않으면서 위로하는 방법을 알았다랄까.

얼마 뒤 나는 자연스럽게 선배가 주도하는 시 모임에 들어갔다. 선배는 내 글이 좋다고 했다. 나는 내 글을 좋아하는 사람은 나도 좋아할 거라고 생각했다. 그래서 엄마가 불 때라고 준 돈으로 술 사먹고, 꽁꽁 언 방에서 파카만 입고 자도 행복했다. 왜냐하면 그날은 선배가 처음으로 내게 뭘 사달라고 한 날이었으니까. 어느 때인가 자취방서 뒹글거리다, 제법 친해졌다고 느낀 선배에게 연락을 한 적이 있다. 찬물에 너무 오래 담가두어 얼어버린 청바지를 손빨래한 뒤, 종일 낮잠을 잔 일요일이었다. 수면 중에도 내 폐는 육지로 나온 물고기처럼 가쁘게 펄떡였다. 불규칙한 생활과 매연, 음주로 몸이 약해진 탓이었다. 그 시절, 나는 어딘가 아프고 피곤하면 무턱대고 긴 잠을 자는 버릇이 있었다. 어느 때는 기면증 환자처럼 이틀 내내 곯아떨어져 있기도 했다. 그날 역시 눈을 떴을 땐 이미 해가 지고 있었다. 나는 습관적으로 선배가 선물해준 '어떤 날'을 카세트에 넣고 틀었다. 뒷면에 건전가요가 들어있는 오래된 테이프였다. 방안 가득 「오후만 있던 일요일」이 잔잔하게 퍼졌다. 그러자 문득 선배에게 말을 걸고 싶은 마음이 들었다.

– 선배, 나는 야구장에 꼭 가보고 싶어요.

반응이 없어 시무룩해질 즈음, 늦은 답신이 왔다.

– 왜?

나는 휴대전화를 쥔 채 방바닥에 엎드려 방긋 웃었다.

– 그냥. 야구장에 가서 크게 소리 질러보고 싶어요.

곧이어 메시지 도착을 알리는 진동음이 들렸다.

- 너는 뭐 야구장이 소리 지르는 덴 줄 아니?

- 그럼 뭔데요?

얼마 뒤 선배의 의젓한 대꾸.

- 야구장은 신전이야.

나는 '아!' 하고 감탄했다. 그건 한 사람이 다른 한 사람에게 반하는 순간 심장에서 울리는 효과음이었다. 그렇게 몇 번 쓸데없는 문자를 주고받다, 우리는 야구장에 가자는 약속까지 해버렸다. 나는 엄마에게 또 책값을 속여, 발목까지 오는 하얀 원피스를 샀다. 지금 생각하면 촌스럽고 우스꽝스러운 치마지만, 그걸 자취방 벽에 걸어놓고 일주일 내내 쳐다봤던 기억이 난다. 선배가 혹 고백이라도 하면 어쩌나 걱정하며. 내가 가진 가장 예쁜 '빤스'는 뭔가 헤아리기도 하면서. 첫 관계에 보여주기엔 너무 큰 빤스가 아닌가 긁적이며 말이다. 그리고 토요일, 두근거리는 걸음으로 마침내 잠실에 도착했을 때- 매표소 앞에는 우리 과 시 모임 여자애들이 왁자지껄 떠들며 개떼같이 모여 있었다. 홍대에서도 대학로에서도 마찬가지였다. 선배는 나를 보고 환하게 웃었지만 나는 그 상냥함이 때로는 야속했다.

하지만 선배가 진심으로 좋아진 계기는 따로 있었다. 선배가 나를 알아봤듯 나도 선배를 알아본 순간이었다. 선배가 4학년, 내가 2학년이던 여름밤, 전국적으로 유례없는 열대야가 지속되던 때, 나는 메리야스 차림으로 밤새 헐떡이고 있었다.

내 방 창문은 건넛집 벽면과 바싹 붙어있어 환기가 잘 되지 않았다. 선풍기를 틀어놨지만 눅눅하고 미지근한 바람이 불어와 도리어 숨이 막혔다. 몇 번씩 욕실로 뛰어가 샤워를 해도 마찬가지였다. 나중에는 너무 더워서 울고싶은 심정이었다. 새벽에 결국 방에서 뛰쳐나왔다. 피시방이나 찜질방에서 열을 식힐 요량이었다. 그러다 문득 학교 생각이 났다. 우리 과방엔 국내 굴지의 대기업에 입사한 선배가 기증한 소형 에어컨이 있었다. 과실에 에어컨이 놓인 건 역사상 처음 있는 일이라 한동안 모두 입을 모아 선배를 칭찬했다. 과방에 쉬러 오는 사람도 부쩍 늘고, 어수선히 놓여있던 물건들도 정리되는 분위기였다. 집에서 학교까지는 걸어서 10분이었다. 지금은 아무도 없을 테고 에어컨을 틀고 소파에 누우면 쾌적한 숙면을 이룰 수 있을 듯했다. 온몸의 땀이 순식간에 휘발되는 상상을 하자 설레기까지 했다. 차고 보송한 바람을 기대하며 과실 문을 열었다. 그런데 거기 누가 있었다. 기다랗고 흐린 윤곽. 내가 아는 실루엣이었다. 그는 신문지를 뒤집어쓴 채 소파에서 새우잠을 자고 있었다. 이윽고 그가 인기척을 느끼고 부스스 일어났다.

"어?"

"선배 웬일이에요?"

"너는?"

나는 망설이다 솔직하게 답했다.

"방이 너무 더워서요. 선배는요?"

선배가 목덜미를 만지며 쑥스러운 듯 말했다.

"차를 놓쳤어."

선배에게 살짝 술냄새가 났다.

"근데 여기 모기 있다. 게다가 추워."

선배는 몸 여기저기를 긁어댔다. 에어컨을 오래 틀어놓아 으슬으슬한 모양이었다. 나는 인터넷이나 좀 하고 가겠다며 컴퓨터 책상으로 향했다. 선배는 '나도'라고 말하며 잽싸게 내 옆에 와 앉았다. 내게서 두어 자리 떨어진 곳이었다. 선배도 나도 굳이 불을 켜지 않았기 때문에 주위는 꽤 어두웠다. 한동안 둘 사이로 딸깍딸깍 어색한 마우스 소리만 들렸다. 나는 습관대로 자주 가는 철학과 커뮤니티에 접속했다.

"음악 틀어도 돼?"

고개를 끄덕이자 선배가 한 번 만지면 손에 세균 3만 마리는 붙을 것 같은 고물 스피커의 볼륨을 올렸다. 내게 메일로 보내준 적 있는 이병우의 기타 연주곡이었다. 분위기는 한결 편안해졌다. 마침 철학과 커뮤니티 회원 창에 선배의 아이디가 떠있는 게 보였다. 나는 바로 쪽지를 보냈다.

– 신기해요. 어떤 음악을 들으면, 그 곡을 제게 처음 알려준 사람이 생각나요. 그것도 번번이요. 처음 가본 길, 처음 읽은 책도 마찬가지고요. 세상에 그런 게 있다는 걸 알려준 사람이 떠올라요. '이름을 알려준 사람의 이름'이라고 해야 하나? 그런 건 사물에 영

원히 달라붙어 있는 것 같아요.

나는 '아니, 내가 이렇게 멋있는 말을 하다니!' 하고 혼자 감탄했다. 하지만 선배의 쪽지는 더 근사했다.

- 우리가 신을 잊을 수 없는 이유도 아마 그 때문일 거야.

내 속에서 한 번 더 '아!' 하는 소리가 들려왔다. 그러자 내친 김에 뭔가 더 얘기하고 싶어졌다.

- 예전에 신입생 환영회 때, 선배가 나 안 보여서 찾았다고 한 날 있잖아요. 여기 복도에서 만난 날. 그때 …… 고마웠어요.

선배는 생각이 안 난다는 듯 고개를 갸웃거렸다. 그러곤 "아!" 하며 빠르게 타자를 쳤다.

- 아아. 그거? 형들이 너 찾아보라고 해서 그런 거야. 형들이 시켰어.

- ……

나는 과방 유리창을 방망이로 다 때려 부수며 '대한민국 형들 다 족구하라 그래!'라고 외치고 싶었다. 한참 똥 씹은 표정으로 앉아있는 나를 아랑곳 않고 선배가 천진하게 말했다.

"이것 좀 봐."

선배 자리로 다가갔다. 선배는 앉아 있고, 나는 허리를 굽힌 채 서 있는 모양새였다. 컴컴한 과실, 두 사람의 얼굴 위로 모니터의 약한 빛이 얼비쳤다. 그는 컴퓨터 바탕화면 위 폴더 하나를 가리켰다. 철학과 사람들의 사진을 모아둔 거였다. '철학인의 밤'이나 스승의 날 행사, 엠티와 오티 사진이 많았고, 사진이 취미인 친구들이 아무 때고 자연스럽게 찍은 풍경도 보였다. 모니터 위로 느릿느릿 사람들 모습이 지나갔다. 선배와 나는 친근한 얼굴이 보일 때마다 품평을 하고 낄낄댔다. 그러다 내 사진이 나왔다. 벚꽃을 배경으로 학교 옥상에서 찍은 독사진이었다. 카메라를 들고 있던 친구가 맞은편 건물 안에서 셔터를 눌러, 창문 주위의 네모난 어둠이 액자처럼 봄을 감싸고 있는 모습이었다. 그리고 그 봄 한가운데에 내가 있었다.

"이 사진 좋다."

선배가 '일시 정지' 단추를 눌러 슬라이드 쇼 상태에서 자동으로 넘어가는 사진을 멈추게 했다.

"난 싫은데."

"왜?"

"이 가방 때문에요. 옷이랑 너무 안 어울리잖아요. 다리도 굵게 나오고."

나는 황토색 인조가죽 가방을 가리키며 투덜댔다. 당시 내게 하나밖에 없던 가방이라 아무 옷에나 줄기차게 들고 다닌 거였다.

"난 저 가방 때문에 이 사진이 좋은데."

선배가 모니터를 응시하며 말했다.

"예? 왜요?"

선배가 나지막하게 중얼거렸다.

"이 여자의 '생활'이 보여서."

"……"

나는 푸른 불빛에 얼비친 그의 옆얼굴을 가만 바라봤다. 그리고 이제부터 이 사람을 본격적으로 좋아해야겠다고 다짐했다. 세상에 내 사진을 보고 그렇게 얘기해줄 수 있는 사람은 선배밖에 없을 거란 확신이 들었다.

– 미영아 오늘 몇 시에 올 거니? 시간 맞으면 현대약국 앞에서 만나자.

미희에게 문자가 왔다. 초등학교 동창 중 지금까지 연락하는 몇 안되는 친구였다. 사실 병만의 부음을 알려준 사람도 그녀였다.

– 9시 넘어 갈 것 같아. 출발할 때 전화 줄게.

고향 친구들을 볼 생각을 하니 긴장됐다. 젊어, 친구를 잃은 경험이 없는 까닭에 식장에는 많은 동창들이 모일 예정이었다. 주로 고향에 남아 장사를 하거나 인근 화학단지에 다니는 녀석들일 터였다. 병만이도 거기 공장에 다녔다. 병만이는 초등학교 시절 나와 두어 번 짝꿍이었는데, 처음으로 나눗셈을 배우던 날 귀찮게 말을 걸어 내 산수 점수를 엉망으로 만들어놓은 녀석이었다. 나는 지금도 그 애가 수(數)를 향한 내 집중력을 흩뜨

려놓던 순간을 기억한다. 조바심과 짜증이 일면서도 짝의 기분이 상할까 내색 못 하고, 선생님께 혼나면 어쩌나 불안해하던 복잡한 찰나를 말이다. 문제는 그 뒤로 내 산수 점수가 계속 바닥을 쳤다는 건데, 살면서 셈을 망칠 때마다 왠지 그게 다 병만이 탓인 것처럼 느껴져 억울하곤 했다. 어쨌든 우리는 자주 모여 놀았다. 대부분 장사를 하는 부모님 밑에서 자라, 해거름까지는 어떻게든 밖에서 시간을 때우다 들어가야 했다. 당시 신나는 폐활량을 떠올리면 지금도 개운한 기분이 든다. 편을 가르고, 규칙을 익히고, 보잘것없는 어휘력으로 열심히 말싸움을 하고, 토라져 집에 가기도 했지만. 언젠가 최대한 멀리 나가려 도움닫기 해 올라탄 그네 위에서, 터질 듯한 가슴을 안고 깨달았더랬다.

'자란다는 것, 기분 좋은 일이구나.'

병만이도 그랬을까? 아마 그랬을 것이다. 그 애는 정말 많이 뛰어다녔으니까. 회사 근처에서 무슨 사고를 당했다는 것 같은데. 교복 차림으로 읍내 터미널에서 담배를 피우던 녀석과 가끔 마주친 적을 제외하고 병만을 본 적은 거의 없다.

선배의 근황을 알려준 사람은 형만 오빠였다. 그는 준이 선배의 동기이자 시 모임 회원이었다. 시는 안 쓰고 만날 술만 먹던 오빠지만, 입담이 좋아 분위기기를 잘 띄우는 사람이었다. 준이 선배는 4학년이 되자 시 모임에 나오지 않았다. 취업 준비 때문에 바쁜 듯했고 원서를 넣는 곳마다 떨어져 여자친구와도 헤어졌단 소식이 들렸다. 우리는 이따금 '메리 크리스마스'라든가 '새해 복 많이 받아요!' 따위의 문자를 주고받았다. '언제 술이나 한잔'이라는 얘기도 했지만 실제로 그러지는 않았다. 선배는 학교 사람들을 거의 만나지 않는 눈치였다. 고시 공부나 입사 준비를 하는 동안 인간관계가 끊기는 사람은 여럿 봤지만. 선배가 그러는 건 좀 의외였다. 나는 내가 생각한 것보다 우리 관계가 얇다는 사실에 시무룩해졌다.

형만 오빠는 술자리에서 끊임없이 다른 사람 얘기를 했다. 누가 연봉이 얼마더라, 누가 월급 삭감 동의서를 강제로 썼다더라, 그걸 과장이 줄줄 불러주고 사원들이 다 받아썼다더라 하는 말들이었다. 사람들은 저마다 '내가 더 힘들게 산다' '내가 더 더럽게 산다'라는 식의 대화를 이어나갔다. 동기 녀석 하나는 고향이 합천인 부장님 앞에서 무심

코 전두환 욕을 했다가 줄곧 미움받는다는 하소연을 했다.
"야, 그래도 준이보다는 낫다."
나는 안 듣는 척 '준이'라는 말에 귀를 세웠다.
"걔, 뭔 납품 회사 다닌 적 있잖아. 잠깐 하고 때려치운데. 거기가 성 접대가 장난 아닌데, 준이가 거래처 사람 그 짓 하는 동안 계산하고 추운데 문밖에서 벌벌 떨며 기다렸단다. 끝나고 대리 불러 보내려고."
누군가 우스갯말을 했다.
"그걸 뭘 기다리냐. 같이 하면 되지."
몇몇은 같이 웃고 나머진 그러지 않았다. 선배 하나가 여자들 눈치를 보며 말을 돌렸다.
"근데 걔 피디 되고 싶어 하지 않았나?"
형만 오빠가 오징어를 뜯으며 말했다.
"응, 최종까지 가서 몇 번 떨어졌대. 최근 어디 케이블 갔다던데?"

아침에 전화를 받고 제일 먼저 든 감정은 반가움이었다. 선배가 방송국에 얼마나 들어가고 싶어 했는지 알고 있어서였다. 선배는 내게 어떻게 지내는지, 아직도 그 동네에 사는지 자잘한 안부를 물었다. 그러고는 친하지도 않은 사람들의 소식을 전하고 엉뚱한 이야기를 늘어놓았다. 어딘가 초조하고 불안해 보이는 목소리였다. 그러곤 곧 대화의 소재가 끊기자 머뭇대며 물었다.
"미영아, 오늘 혹시 시간 있니?"
얘기인즉 자신이 맡은 프로그램에 잠깐 출연해줄 수 없냐는 거였다. 누군가 펑크를 냈는데, 그걸 자기가 메꿔야 하는 상황이라고. 일반인 중에 구해야 하는데 아는 사람이 없고, 입사한 지 얼마 안 돼 애를 먹고 있다고 했다.
"선배 피디예요?"
"어? 아니, 에이디야."
"아, 그렇구나. 선배, 근데 정말 미안한데요……"
"그냥 배경 같은 거야. 가짜 배경. 카메라에 자주 잡히지도 않고. 엑스트라라고 생각하면 돼."

선배는 계속 난처해했다. 그러면서 넌지시 하루짜리 아르바이트라고 여기면 어떻겠냐며 출연료가 나쁘지 않다는 얘길 덧붙였다. 내가 돈이 궁한 상태란 걸 아는 눈치였다.

"저 오늘 장례식도 있고요."

"응, 그랬지?"

선배의 목소리에 힘이 빠졌다.

"좀 창피하기도 하고요."

"그래, 그럴 수 있어."

"……"

"안 되겠니? 안 되겠지?"

"……"

잠시 어색한 침묵이 흘렀다. 참다못해 말을 꺼낸 건 내 쪽이었다.

"그냥 앉아만 있음 되는 거예요?"

선배가 지나치게 반색하며 말했다.

"응? 으응. 그럼, 그럼. 이번 건 재촬영도 없어. 금방 끝나."

이내 후회가 물밀듯 밀려왔지만 늦은 상태였다.

"뭐, 게임도 하고 그러는데 괜찮아. 어려운 일 아니야. 고맙다 미영아, 정말 고마워."

'네? 뭐라고요? 게임이라고요?' 마음속 다급한 외침이 전해지기도 전에, 선배는 서둘러 전화를 끊었다. 그래서 나는 내 별명이 한때 '게임포비아'였단 사실을 밝히지 못했다. 통화가 길어졌어도 아마 못 했을 거다. 그러기엔 선배가 너무 기뻐하고 있었다.

선배는 로비에 나오지 않았다. 대신 작가라는 여자가 헐레벌떡 달려왔다. 앳된 인상의, 입사한 지 얼마 안 돼 보이는 아가씨였다. 출입증을 받아 방송국 안으로 들어갔다. 선배는 지금 정신없이 바빠 못 온다고 했다. 엘리베이터 안에서 그녀가 대뜸 물었다.

"안 더우세요?"

내 검은색 정장을 보고 하는 말이었다. 그녀는 발랄한 줄무늬 티셔츠에 오렌지색 스와

치 시계를 차고 있었다.

"저녁에 조문 갈 일이 있어서. 괜찮아요."

말은 그렇게 했지만 등줄기에 땀이 흥건했다. 여자는 방송국내에서도 좀 후미진 곳에 속하는 일반인 대기실로 나를 안내했다.

"들어가세요."

"아니요. 우선 여기 있을게요."

나는 복도에 놓인 플라스틱 의자를 가리켰다. 낯선 공간에 모르는 사람들과 함께 있고 싶지 않아서였다.

"그러실래요? 조감독님 곧 올 거예요. 최 선배가 되게 고마워하던데. 아침부터 엄청 깨지고 지금 또 혼나고 있는 중이거든요. 오늘 잘 좀 도와주세요."

그녀는 중요한 정보를 건네듯 속삭였다.

"우리 피디가 좀 사이코라서요."

그러곤 촬영장 쪽으로 급히 이동했다.

"저, 잠깐만요. 근데 프로그램 이름이 뭔가요?"

여자는 그것도 모르고 왔냐는 듯 심드렁하게 대꾸했다.

"한국의 달인이요."

그녀가 떠나고 나는 불편한 의자에 홀로 오도카니 앉아 있었다. 케이블 방송을 비롯해 티브이 자체를 잘 안 보는 나로서는 그게 무슨 프로그램인지 알 수 없었다. 작가 말로는 시작한 지 얼마 안 되는 코너라 했다. 선배는 한참 동안 오지 않았다. 대기실 앞 복도는 서늘하고 적막했다. 의자에 기댄 채 고개를 숙이고 있는 내 앞으로 조선시대 무관 복장을 한 사내가 뒤뚱뒤뚱 지나갔다.

스튜디오 안은 생각보다 어수선했다. 「한국의 달인」 무대를 제외한 주변 공간은 온갖 잡동사니들로 채워져 있었다. 주위에서 퀴퀴한 지하실 냄새가 났다. 하루에도 몇 번씩 세트를 세웠다 부순다 하니 그럴 만했다. 발소리를 죽여 녹화장 안으로 들어갔다. 입구 한쪽에 뜬금없이 방치된 그리스 신전 기둥이 보였다. 그리스 철학을 배우며 겸사겸사

공부한 바로는 끄트머리가 구부러진 게 이오니아 양식이 틀림없었다. 기둥은 조악한 스티로폼으로 만들어져, 얕게 파인 홈마다 때가 끼어있었다. 배경화면을 크게 인쇄해 붙인 판자와 비닐에 싸인 이불 보따리도 눈에 띄었다. 벽면에는 '금연/사장 백' '불조심' 등의 표어가 붙어 있었다. 그래도 가장 압도적인 건 천장 위에 달린 수백 개의 조명이었다. '아, 선배는 이런 데서 일하는구나, 이런 곳이었구나.' 멀리, 청바지 뒷주머니에 대본을 구겨 넣은 선배의 모습이 근사했다.

무대에선 대충 동선과 조명, 음향 등의 큐를 맞춘 '드라이 리허설'이란 게 막 끝난 참이었다. 내가 있을 자리에는 보조 작가가 서 있었다 한다. 낯은 익지만 이름이 잘 생각나지 않는 개그맨도 보였다. 선배 말로는 그가 진행을 볼 거라 했다. 나는 그를 힐끔거리며 의식하지 않으려 했다. 개그맨 역시 나를 신경 쓰지 않았다. 하지만 내가 자길 의식하지 않으려 애쓴다는 사실을 의식하고 있는 듯했다. 피디라는 사람은 의자에 앉아 대본을 확인하고 있었다. 사이코라기엔 허우대가 멀쩡했다. 입이 걸어 툭하면 아무에게나 욕을 한다던데. 아니나 다를까 나와 눈이 마주치자 대뜸 소리부터 질렀다.

"야! 쟤 뭐야?"

나는 움찔 놀라 그 자리에 얼어붙었다. 선배가 급히 변명을 했다.

"그 장염 걸린 출연자 대타인데요, 바로 준비시키겠습니다."

선배는 잠시 나를 외진 곳으로 데려갔다. 조금 전 세트장보다 훨씬 산만하고 을씨년스러운 장소였다. 우리는 조그마한 인공 연못이 그려진 가짜 배경 앞에 섰다. 그래서 우리가 대화하는 모습은 마치 연극의 한 장면처럼 보일 것 같았다. 나는 말똥말똥 선배를 쳐다봤다. 질문과 불안이 섞인 얼굴로. 그러나 예쁘게 비칠 만한 표정을 꾸며내는 일도 잊지 않았다. 분장도 하고 마이크도 달고, 대충 준비가 끝났는데 뭐가 문제인지 알 수 없었다. 선배는 진지하게 나를 바라봤다. 뭔가 중요한 말을 하려는 얼굴이었다.

"미영아, 너한테 얘기하지 못한 게 있어."

온몸이 딱딱하게 굳었다. 당장 자리를 박차고 나갈까 싶었지만 발이 떼어지지 않았다.

"안 돼요, 선배."

"미영아."

"못 해요, 저."

분장실을 향해 빠르게 걸어 나갔다. 선배는 종종걸음으로 나를 쫓아왔다.

"잠깐만."

선배가 다급히 내 팔뚝을 잡았다. 손바닥이 땀으로 축축하게 젖어 있었다.

"너 안 보이도록 최대한 편집할게. 너 말고도 같은 옷 입은 사람 많아. 그렇게 눈에 띄지 않을 거야."

선배는 손에 계속 힘을 주고 있었다. 얼마나 세게 쥐었던지 팔뚝이 아릴 정도였다.

"또 뭘 먹어야 된다면서요?"

선배가 떨리는 목소리로 설명했다.

"오늘 주인공이 푸드파이터라 그래. 먹기 대회 우승자 알지? 다른 사람들은 양껏 조금만 먹으면 돼. 미영아 이렇게 부탁할게. 나 이거 펑크 나면…… 미리 말 못 한 거 미안해. 나도 의상이 그럴 줄 몰랐어. 이번 한 번만 도와주라. 한 번만."

"……"

천장 위 환풍기가 시끄럽게 돌아갔다. 원망하듯 선배를 빤히 쳐다봤다. 선배는 눈을 마주치지 못하고 고개를 떨구었다. 선배가 찬 헤드셋에서 희미한 소리가 새어 나왔다.

"야이 씨바라, 빨리 안 와?"

푸드파이터는 뜻밖에 여자였다. 게다가 늘씬하기까지 했다. 그녀는 몸에 딱 붙는 탱크탑에 치어걸들이나 입는 노란색 미니스커트를 입고 있었다. 그녀를 보자 선배가 왜 나를 불렀는지 그리고 왜 그렇게 간절하게 잡았는지 알 수 있었다. 주위에 뚱뚱한 사람을 세워둔 뒤 그녀를 더 돋보이게 하기 위해서였다. '이렇게 마른 여자가 저렇게 비만인 사람들보다 잘 먹는다'라는 걸 알리려고. 나는 의상 담당자가 준 옷을 입고 한동안 밖에 나오지 못했다. 제작진이 일부러 한 치수 작게 준비한 레슬링 복이었다. 꽉 끼어 불편한 옷에 가까스로 몸을 구겨 넣자, 옆구리 살과 뱃살이 볼품없이 드러났다. 누가 봐도 초라하고 우스꽝스러운 모습이었다. 망설이다 작가의 재촉을 받고 분장실에서 나왔다. 사람들에게 알몸을 보이는 것 같아 몸을 바싹 웅크린 채 두리번거렸다. 군살을 감추려 끊임없이 옷을 잡아당겼다. 케이블이라 보는 사람이 별로 없을 거라고 스스로를 다독였지만, 마음 같아선 지금이라도 당장 그만두고 싶은 심정이었다. 선배는 아무렇지 않게 나를 타이르며 격려했다. 하지만 그 말은 내게 상처가 됐다.

"미영아, 그냥 평소 너 먹는 대로만 해. 긴장하지 말고. 알았지?"

나는 왜 내가 자리를 박차고 일어나지 못하나 고민했다. 이유는 단순했다. 선배를 돕고 싶어서였다. 하지만 선배를 도우면서, 선배가 하자는 대로 하면서, 선배를 벌주고 싶었다. 부모에게 상처를 주기 위해 일부러 자해를 하는 청소년처럼.

"자, 한 번에 갑시다!"

순식간에 정신이 멍할 정도로 환한 조명이 시야를 가렸다. 카메라 렌즈는 낯설었고, 사람들은 밝음을 가장한 이상한 파티를 하고 있는 것처럼 보였다. 큐카드를 든 개그맨이 주인공을 소개했다. 세계 핫도그 먹기 대회 우승자이며, 미모의 재미 교포 여성인 '수잔 리'라고 했다. 화려한 조명 아래 팡파르 소리와 함께 그녀가 등장했다. 햇빛에 적당히 그을려 건강해 보이는, 서구적인 인상의 미인이었다. 그녀의 얼굴엔 묘한 자신감과 자족감이 서려 있었다. 나는 오른쪽 맨 끝에 엉거주춤 서 있었다. 그녀를 위시해 좌우로 둘씩, 모두 네 명이었다. 한 명은 여자 유도 선수, 나머지 둘은 남자 역도 선수였다. 나는 평범한 직장인으로 소개됐다. 사회자는 얼마간 수잔 리와 상식적이고 시시한 대화를 이어나갔다. 언제부터 먹는데 소질이 있었냐, 주위 반응은 어떠냐, 평소 식사량은 얼마냐는 식의 얘기였다. 많이 먹기 게임은 재촬영이 불가능하기 때문에 실수가 있어선 안 됐다. 스태프들은 미리 정해진 약속과 규칙에 따라 신중하게 움직였다. 곧이어 소품팀이 기다란 테이블을 갖고 왔다. 그 위에는 보기만 해도 토할 것 같은 엄청난 양의 핫도그가 쌓여 있었다. 관건은 10분 안에 누가 가장 많은 양을 해치우는가였다. 승자는 이미 정해져 있었다. 하지만 보조 출연자들의 체구도 만만치 않아 시청자들의 호기심을 자극하기에 충분했다.

차임벨이 울렸다. 운동선수들이 허겁지겁 핫도그를 입에 쑤셔 넣기 시작했다. 그렇게 먹어줘야 시청자들이 즐거워한다는 듯. 그렇게 먹기 위해 그 자리에 존재한다는 듯. 반면 수잔은 여유가 있었다. 그녀는 폭식도 기술이라는 듯 노련하고 우아하게 핫도그를 집었다. 그녀는 먼저 빵과 소시지를 분리했다. 그리고 소시지부터 오물오물 먹어치웠다. 그다음엔 빵을 물에 적셔 삼켰다. 동작 하나하나가 정확하고 신속했다. 마른 여자가 탐식하는 모습에선 왠지 모를 색정적인 분위기마저 났다. 반면 보조 출연자들의 모습은 두서없고 어리석어보였다. 역도 선수가 챔피언의 요령을 보고 이내 따라 했다. 하지만 수잔의 속도를 따라잡기엔 무리였다. 나는 고개를 푹 숙인 채 핫도그를 소극적으로 우물거렸다. 그래도 할 수 있는 한 최선을 다 할 계획이었다. 그림이 안 좋았는지 피디가 뭐 소리치는 모습이 보였다. 선배는 헤드셋을 만지며 이쪽으로 달려왔다. 나는 테이블에 고개를 처박고 열심히 핫도그만 먹었다. 되도록 카메라에 얼굴을 비추고 싶지 않아서였다. 선배는 스케치북을 가져와 뭐라 급히 갈겨썼다. 그러고는 내 쪽으로 와 종이를 들고 흔들었다. 나는 선배에게 과식하는 모습을 보이는 게 창피해 머리를 더욱 수그렸다. 선배는 안절부절못하는 눈치였다. 얼마 뒤 물을 마시려 시선을 돌리는 순간, 선배가 들고 있는 도화지 속 글씨가 눈에 확 들어왔다.

- 고개 좀 들어, 이 녀석아.

'……'

순간 머리가 멍해졌다. 나는 핫도그를 든 채 그대로 멈춰 있었다. 양손 아래로 끈적끈적한 케첩과 겨자 소스가 주르륵 흘러내렸다. 제작진에서는 난리가 났다. 피디가 어떤 신호를 보내는 듯했고, 선배는 창백해진 얼굴로 다시 도화지에 뭐라 열심히 썼다. 그러곤 울 것 같은 표정으로, 구조 신호를 보내듯 종이를 번쩍 들어올렸다.

- 고개 좀 들어, 미영아. 고개 좀 들어, 제발.

녹화를 어떻게 마쳤는지 기억나지 않는다. 나는 도망치듯 촬영장을 빠져나왔다. 허둥지둥 옷을 갈아입고 엘리베이터 앞에 섰다. 선배에겐 인사 없이 갈 생각이었다. 출입증을 반납하고 방송국을 나왔을 때 주위는 벌써 어둑해져 있었다. 가방 속 휴대전화가 끊임없이 울렸다. 나는 가방에 손도 대지 않은 채 진동음을 무시하고 걸었다. 온몸이 매 맞은 듯 후들거렸다. 그곳에서 최대한 빨리 벗어나고 싶었다. 그런데 지하철역 앞 횡단보도에 섰을 때, 누군가 애타게 내 이름을 부르는 소리가 났다.

"미영아."

나는 돌아보지 않았다.

"미영아."

신호등 불이 바뀌었다. 나는 잰걸음으로 달아났다.

"잠깐만."

선배가 내 팔을 움켜잡았다. 그는 땀을 뻘뻘 흘리며 헐떡이고 있었다.

"저 갈게요."

손을 뿌리치자 그가 나를 더 완강하게 잡았다. 팔뚝 위로 삼십대 사내의 강한 완력이 느껴졌다.

"분장실에 가봤는데, 이미 가고 없길래."

그는 여전히 숨을 몰아쉬고 있었다.

"오늘 고생했어. 피곤할 텐데 가서 좀 쉬어. 참 상갓집 간다고 했나? 미영아, 오늘 정말 고마워. 참 그리고 너 편할 때……"

나는 물끄러미 땅을 쳐다봤다. 그리고 선배의 다음 말을 기다렸다.

"문자로 계좌번호 좀 넣어주라. 주민번호랑……"

신을 벗고 쓰러지듯 방바닥에 누웠다. 방에서 눅눅한 빨래 냄새가 났다. 조립식 2단 옷걸이 위로 온갖 여름옷들이 허물처럼 대롱 매달려 있었다. 미희에게서 '안 오냐'는 문자가 왔다. '잘 가고 있니'란 선배의 메시지도 보였다. 휴대전화 액정의 불빛을 멀거니 바라보다 배터리를 뺐다. 그러고는 불을 끈 채 바닥에 대자로 누웠다. 천장 위 형광등이 불안하게 몸을 떨었다. 이 집 등은 이상하게 스위치를 내려도 한 번에 꺼지지 않고 한참 동안 희미하게 빛나곤 했다. 전원이 차단된 뒤에도 유리관 속에 잔여 물질이 남아 자체 발광하는 탓이었다. 어느 때는 몇 시간이고 이렇게 완전히 꺼지지 않은 채로 깜빡이며 아른거렸다. 나는 검은색 정장 차림으로 자리에 누워 똑바로 천장을 바라봤다. 바닥이 찼다. 날씨 탓인지 빨래 탓인지 습기로 꽉 찬 원룸에 누워 있자니 물속 깊이 내려앉은 기분이었다. 한동안 꼼짝 않고 유리관을 오가는 수은의 운동을 바라봤다. 그러자 오래전 고향 친구들과 함께한 그곳, 포강에서 본 빛의 형상이 떠올랐다.

여덟 살, 여름방학 때의 일이다. 나는 동네 아이들과 학교 뒷산께서 물장구를 치며 놀고 있었다. 시내라고 하기엔 깊고 저수지라 하기에는 또 너무 작은 웅덩이가 풀숲에 싸여 오목하게 펼쳐진 곳이었다. 사람들은 그곳을 포강이라 불렀다. 늪도 강도 아닌데 다들 그렇게 불렀다. 그때 나와 같이 논 친구는 대략 다섯 명이었다. 반에서 공부를 제일 잘한 민수, 훗날 나의 산수 실력을 망쳐놓은 병만이, 그리고 나의 단짝 미희와 다른 몇몇 아이들이었다. 그날 나는 민수와 티격태격 다투고 있었다. 민수가 먼저 내게 물을 확 끼얹었고 원피스를 버려 울상이 된 내가 그 아이에게 물세례를 퍼부었다. 민수는 더 큰 물보라를 만들며 내게 다가왔고 복수의 복수가 이어졌다. 그런데 그때 병만이가 애들한테 이상한 소리를 했다.

"야, 재네 연애한다!"

나는 두 눈을 흘기며 턱을 치켜들었다.

"야! 아니거든?"

병만이 손바닥에 주먹을 대고 여러 번 치며 더러운 농담을 해댔다.

"야, 니네 이것두 하냐?"

민수가 발끈했다.

"뭐 이 새끼야?"

병만이 계속 성행위를 묘사했다.

"이거. 이거."

민수는 지고 싶지 않은 듯 씩씩대다 한마디 쏘아붙였다.

"너는, 뭐, 그렇게 잘나서 니네 엄마 이혼했냐?"

순간 병만의 얼굴이 사납게 굳었다. 아이들은 아무 말도 못한 채 눈치만 봤다. 공부는 민수가 잘했지만 싸움은 병만이 나았다. 나는 병만이 곧 민수를 쓰러뜨리며 코피를 터뜨릴 거라 믿었다. 하지만 병만은 민수를 한참 쏘아보다 그냥 돌아섰다. 그러곤 강물에 대고 '캬악, 퉤!' 침을 뱉은 뒤 물속 깊이 잠수해 어디론가 사라졌다. 민수는 신경 쓰지 말자며 친구들을 다독였다. 그래서 한참 뒤 누군가 내게 손을 내밀었을 때 나는 그게 민수의 손인 줄만 알았다.

얕은 데서 놀고 있다 방심했는데 어느 순간 땅이 푹 꺼지더니 몸이 쑥 빨려 들어갔다. 곧이어 입과 콧구멍 안으로 비린 물이 울컥울컥 들어왔다. 손발이 따로 놀고 숨이 찼다. 하지만 내가 물에 빠진 사실을 알아채는 친구는 없는 거 같았다. 몇몇은 나무 그늘에 누워 잤고, 또 몇몇은 물고기에 관심이 쏠려 있었다. 도움을 청하고 싶었지만 간신히 수면 위로 올라와도 숨을 쉬느라 소리칠 수 없었다. 깊은 물에서 둔하게 찰방이는 걸로는 주의를 끌기도 어려웠다. 내가 할 수 있는 일이란 그저 조용히 떠올랐다 가라앉기를 반복하는 것뿐이었다. 지금도 나는 그때 물속에서 느낀 아주 기이한 고요를 기억하고 있다. 가까스로 물 밖에 머리를 디밀었을 때 매미 소리가 무척 시끄럽게 들려왔던 것도. 어려서 그랬는지 몰라도 그 순간 누가 보고 싶다거나 지난 일이 주마등처럼 스쳐 지나간다거나 하지는 않았다. 다만 나는 그 상황에서 빨리 벗어나고 싶었다. 그리고 좀 외로웠다. 아무도 내가 죽어가고 있다는 걸 모른다는 고립감. 그리고 그걸 누구에게도 전하지 못한다는 갑갑함이 밀려왔다. 손 내밀면 닿을 것 같은 거리에서 유혹하듯 화사하게 출렁이던 차안(此岸)의 얇고 환한 막. 나는 그 빛을 잡고 싶었다. 하지만 손에 걸리는 거라곤 쥐자마자 이내 부서지는 몇 움큼의 강물이 전부였다. 생전 처음 겪는 공포가 밀려왔다. 아득하고 설명이 안 되는 두려움이었다. 나는 점점 가라앉고 있었다. 더 이상 버티기가 힘들었다. 그런데 그때 누가 내 손을 잡는 게 느껴졌다. 순간 있는 힘을 다해 그 팔을 잡았다. 어디서 그런 힘이 나오는지 알 수 없었다. 나는 내 손을 잡을 이가 아플 거란 걸 알았지만 손에서 힘을 뺄 수 없었다. 아니, 그럴수록 그 팔을 더욱 세게 잡게 되었다. 내 완력에 놀란 누군가가 나를 아주 놔버리면 어쩌나 싶어서였다. 그리고 가까스로 뭍으로 나왔을 때 물에 흠뻑 젖은 채 창백해진 병만의 얼굴을 보고 말았다. 누군가의 손톱자국을 따라 깊게 홈이 파인, 살짝 핏물이 맺힌 채 시퍼렇게 멍이 든 그 애 팔뚝도……

집으로 돌아가는 길, 병만은 퍽 들떠 있었다. 나를 구한 사실에 으쓱해서였는지 바람에 몸이 마르는 느낌이 좋아서였는지 모르겠다. 젖은 신을 끌고 산길을 내려오며 병만은 민수와의 일은 까맣게 잊은 듯 씩씩하게 말했다.

"느이들 사람들이 사막에서 뭐로 제일 많이 죽어나가는 줄 아냐?"

민수가 한 손으로 안경을 치켜 올리며 자신 있게 답했다.

"거야 열사병이지."

병만이 그럴 줄 알았다는 듯 코웃음을 쳤다.

"아니야. 익사야, 익사."

아이들이 일제히 '뭐어?' 하는 표정을 지었다. 쟤가 또 무슨 말도 안 되는 뻥을 치나 하는 얼굴이었다. 하지만 병만의 말은 뜻밖에 청산유수였다. 사막에는 비가 잘 안 오지만 한 번 오면 엄청나게 쏟아지기에 사람들이 갑자기 변을 당하게 된다고. 일반인들은 보통 사막에 비가 올 거라 생각지 못할뿐더러 비를 피할 곳도 마땅찮기 때문에 속절없이 당하게 된다는 말이었다. 민수가 바로 삐죽댔다.

"치이, 누가 그래?"

그러자 병만이 망설이다 조그맣게 답했다.

"우리 엄마가."

미희가 물이 찬 한쪽 귀를 후비며 물었다.

"병만아, 근데 그 얘기 왜 해?"

병만이 당황하며 아무렇게나 둘러댔다.

"어? 어. 그러니까, 음. 우리가 사막에 가게 되면 다 같이 조심하자고. 하하"

발인은 내일 새벽이었다. 막차를 타지 않았으니 나는 아마 내일 거기 없을 터였다. 그 아이, 잠수를 참 잘했는데. 물속 깊이 사라졌다 어느새 저쪽에서 싱싱한 물고기처럼 튀어 오른 병만의 매끈한 몸이 떠올랐다. 우리 모두 그 애가 보이지 않으면 초조해하다 어느 순간 몸을 털며 짠- 하고 나타나면 감탄하곤 했는데. 한쪽 팔로 이마를 짚었다. 천장에선 여전히 형광등 불빛이 불안하게 아른거리고 있었다. 그것은 오래전 내가 물속에서 본 빛처럼 사라질 듯 말 듯 아득하게 가물댔다. 길게 손 뻗으면 정말 잡힐 것만 같은 자리에 있던 밝고 투명한 막 같았다. 갑자기 오른쪽 팔 어디께가 몹시 아려왔다. 가만 보니 팔뚝 안쪽에 멍이 들어 있었다. 아마 아까 나를 붙든 선배가 남긴 자국인 듯했다. 팔뚝 위로 선배 손의 완력과 축축한 여운이 느껴졌다. 환한 봄날 한가운데에 어두운 옷을 입고 서 있던 내게 '이 여자의 생활이 보여 좋아'라고 말하던 선배의 아름다운 옆얼굴도……
그러자 고향의 병만이가 떠올랐다. 살면서 내가 가장 세게 잡은 누군가의 팔뚝이……
갑자기 목울대로 확 뜨거운 것이 올라왔다. 사막에서 만난 폭우처럼 난데없는 감정이었다. 곧이어 내가 살아 있어, 혹은 사는 동안, 누군가가 많이 아팠을 거라는 생각이 들었다. 나도 모른 곳에서, 내가 아는, 혹은 모르는 누군가가 나 때문에 많이 아팠을 거라는 느낌이. 그렇게 쉬운 생각을 그동안 왜 한 번도 하지 못한 건지 당혹스러웠다. 별안간 뺨 위로 주르륵 눈물이 흘러내렸다. 재빨리 한 손으로 눈물을 닦아냈다. 하지만 눈물은 그치지 않고 계속해서 나왔다. 결국 나는 두 손으로 얼굴을 가린 채 크게 울어버리고 말았다. '손톱으로 그렇게 눌리면 아팠을 텐데……' '많이 아팠을 텐데……' 하고. 천장 위 형광등은 여전히 꺼질 듯 말 듯 불안하게 흔들렸다. 아직 상복을 벗지 못한 채 울고 있는 나를, 여름옷을 주렁주렁 매단 2단 옷걸이가 무심히, 그리고 오랫동안 굽어보고 있었다.

더 생각해 볼 문제

1. 미영은 준이 선배가 '고개 좀 들고 다녀라, 이 녀석아'라는 말에 반했다. 이 말이 왜 미영의 마음을 흔들었는지에 대한 자기 생각을 말해 보자.

2. 미영은 '나의 부재를 알아주는 사람'이라는 말로 사랑을 정의한다. '남이 나의 부재를 알아봐준 경험'이 있는지, '내가 남의 부재를 알아본 경험'이 있는지 생각해 보고 각자 그 경험이 어떤 감정과 연관된 것이었는지 설명해 보자.

3. 미영, 선배, 병만은 각각 어떤 성격을 가진 사람인지 작품 속의 말과 행동을 통해 설명해 보자.

4. '내가 살아있어 누군가가 아팠을 거라는 생각'이라는 말의 의미를 생각해 보자

5. 미영은 좋아했던 선배에게 상처를 받고 나서야 자신이 병만에게 상처를 주었을지도 모른다는 사실을 깨닫는다. 자신과 누군가와의 관계가 또 다른 관계에서 입장이 바뀌어 반복되었던 경험이 있었는지 생각해 보자.

3부

세계

지금 여기,
우리가 함께
살아가는 사회

1. 진보와 보수의 개념

유시민, 『국가란 무엇인가』,

돌베개, 2011.

이 책은 '국가'를 바라보는 학문적 입장을 소개하고 통치자의 자질과 정치의 윤리에 대해 설명하고 있는 책이다. 저자는 이 책을 통해 '국가'라는 개념을 이해하고 기본적인 정치 원리에 대해 관심을 갖는 일이 얼마나 중요한 일인지 역설하면서, 국가와 정치에 대한 이해가 곧 모든 사람들의 실제 삶의 질과 가치에 직결되는 것임을 말하고 있다.

교재에 인용된 대목은 7장 '진보정치란 무엇인가'의 한 대목이다. 여기서 저자는 베블런의 이론을 빌려 '진보'와 '보수'의 기본 개념에 대하여, 가치평가를 배제한 객관적이고 원론적인 설명을 시도한다. 다음 글을 통해 삶의 태도로서 진보와 보수가 어떤 성격의 개념인지 이해하고, 그것이 정치적 입장으로 드러날 때 어떤 의미를 가지게 되는지 이해해 보자.

저자 소개

유시민(1959~)

정당인, 전 장관, 작가. 1984년 9월 서울대 프락치 사건에 연루되어 1년 6개월 형을 받자 이에 항소하는 '항소이유서'를 변호사 없이 원고지 100매 가량의 분량으로 직접 작성했는데 판사들이 돌려볼 정도의 명문이었다고 한다. 글의 마지막에 인용된 네크라소프의 '슬픔도 노여움도 없이 살아가는 자는 조국을 사랑하고 있지 않다'라는 시 구절도 더불어 유명해졌다. 16, 17대 국회의원과 44대 보건복지부 장관을 거쳤다. 국민참여당, 통합진보당, 진보정의당 등 진보정당의 창당에 큰 역할을 했으며 2013년 모든 공직을 그만두고 작가, 지식인으로서의 활동에만 전념하고 있다. 저서로 『나의 한국 현대사』, 『거꾸로 읽는 세계사』, 『부자의 경제학, 빈민의 경제학』, 『청춘의 독서』, 『어떻게 살 것인가』 등이 있다.

소스타인 베블런의 『유한계급론』

진보와 보수는 맞물려 있는 상대적 개념이다. 하나를 무엇이라고 규정하면 다른 하나는 자동적으로 그 의미를 드러낸다. 여기서는 제도주의 경제학파의 창시자로 널리 알려진 소스타인 베블런(Thorstein Bundle Veblen, 1857~1929)의 견해를 채택한다. 베블런은 다윈의 진화론을 사회에 적용하여 19세기 말 미국 자본주의 사회와 지배계급의 생활양식을 관찰하고 분석한 『유한계급론(The Theory of Leisure Class)』을 쓴 인물이다.

베블런은 노르웨이 이민자의 아들로 태어나 영어를 외국어로 익힌 사람이었다. 열 가지도 넘는 언어를 읽고 쓰고 말할 수 있었던 이 천재는 예일대학교 철학박사 학위를 받은 뒤 미네소타 주의 고향에서 취직도 하지 않은 채 7년 동안이나 독서로 소일하며 빈둥거렸다. 신흥 명문으로 등장했던 시카고 대학교에 뒤늦게 자리를 잡은 후 『유한계급론』을 써서 일약 학계의 스타로 떠올랐지만, 현실에 전혀 개입하지 않고 미국 사회와 인류 문명을 냉정하게 관찰하는 이방인으로 살다가 캘리포니아 시골 오두막집에서 혼자 죽었다. 베블런의 사상과 이론에서는 열정을 느끼기 어렵다. 그는 보수주의와 진보주의를 묘사하고 서술했을 뿐 도덕적 평가를 하거나 개입하지 않았다.

서로 다른 정신적 태도, 진보와 보수

진보와 보수는 사유습성과 생활방식, 제도의 변화에 대응하는 정신적 태도를 가리킨다. 진보는 생활환경의 변화가 요구하는 새로운 사유습성과 생활방식, 그에 따르는 제도의 조정 필요성을 능동적으로 받아들이고 실천하려는 정신적 태도이며, 보수는 익숙한 것을 지키려고 변화를 거부하게 되는 태도를 말한다. 보수의 핵심은 "존재하는 것은 무엇이든 옳다"는 말로 요약할 수 있다. 그러나 진화의 법칙을 인간의 제도에 적용하면 "존재하는 것은 무엇이든 틀렸다"고 해야 마땅하다. 현재의 제도는 과거의 지배적 사유습성을 체현하는 것이어서 오늘의 생활환경이 요구하는 가장 적합한 대응일 수 없기 때문이다.

왜 사람들은 서로 다른 정신적 태도를 가지게 되는 것인가? 왜 누구는 보수주의자가 되고 누구는 진보주의자가 되는가? 소스타인 베블런의 이론에 따르면 생활환경의 변화에 강하게 노출되는 사람이 먼저 새로운 사유 습성을 받아들인다.

사회의 공인된 생활양식은 옳은 것, 선한 것, 합당한 것, 아름다운 것이 무엇인지에 대한 합의를 토대로 성립한다. 그런데 생활환경의 변화가 몰고 온 충격이 모든 개인에게 똑같이 전달되지는 않는다. 어떤 환경의 변화를 긴급한 상황으로 인식한 사람은 새로운 사고방식과 생활양식을 신속하게 받아들인다. 진보주의자가 되는 것이다.

보수주의자는 진보주의자의 여집합이다. 보수주의자는 기존의 지배적 사유습성과 생활양식을 그대로 따르려고 한다. 이것은 인간의 삶에서 보수주의가 기본이라는 것을 의미한다. 환경의 변화에 의해 강요당하지 않는다면 인간은 영원히 보수주의자로 살아갈 것이다. 보수주의는 특정한 계급의 독점적 특성이 아니라 인간의 보편적 속성이다. 확신에 찬 진보주의자에게는 우울한 이야기일지 모르겠으나 베블런의 말을 부정하기는 쉽지 않다. 그러나 보수주의를 편들려고 그렇게 말한 게 아니었으니 진보주의자들이 그를 미워할 필요는 없을 것이다.

부르주아지의 다른 이름, '유한계급'의 보수주의

마르크스가 부르주아지라고 불렀던 자본가 계급을 포함하여 문명의 모든 시대를 지배했던 계급에게 베블런은 유한계급(有閑階級, leisure class)이라는 듣기 좋은 이름을 선사했다. 유한계급은 생산적 노동을 하지 않으면서 다른 사람의 생산적 노동이 창출한 것을 약탈하고 활용한다. 유한계급은 보수주의의 몸통이다.

하지만 그들이 기득권을 지키려고 변화를 거부하는 건 아니다. 사유 습성과 생활양식을 바꾸고 조정하는 작업은 많은 에너지를 소모하기 때문에 누구나 귀찮고 번거로운 일이다. 유한계급은 돈과 권력이 있기 때문에 이처럼 귀찮은 일을 하지 않아도 사는 데 별

지장이 없다. 어지간한 생활환경의 변화에는 압력을 느끼지도 않는다. 그들은 자연스럽게 현존하는 제도와 지배적 생활양식은 모두 좋고, 옳고 합당하고, 아름답다고 받아들인다. 그들에게 보수주의는 고상하고 품위 있으나 혁신은 천박하고 나쁘다.

전통적으로 유한계급은 정치, 종교, 전쟁, 스포츠 분야에 종사한다. 정치인, 고급 공무원, 종교 지도자, 체육계 고위 인사들이 대개 보수적이라는 사실은 널리 알려져 있다. 과학 기술과 생산력이 크게 발전했고 거의 모든 일들이 시장에서의 계약과 거래를 통해 이루어지는 자본주의 사회에서 유한계급의 활동 무대는 기업, 언론, 대학, 예술, 대중문화 분야까지 뻗어나갔다. 재벌 총수와 그 가족들, 기업 경영자와 임원들, 대학교수, 큰 신문사와 방송사 간부들이 대체로 보수적이라는 사실 역시 따로 증명할 필요가 없을 것이다.

저소득층과 노년층이 보수적인 이유

그런데 대부분의 민주주의 국가에서 유한계급과는 아무 관계가 없는 하위 소득계층 유권자들이 보수적인 태도를 보이는 경우가 많다. 우리나라도 예외가 아니다. 그들은 선거를 할 때 주로 진보정당이 아니라 보수정당에 표를 준다. 어떻게 된 일인가? 베블런의 이론에 따르면 그것 역시 유한계급 제도와 관계가 있다. 요즘 유행하는 말로는 사회경제적 양극화 때문이다.

생산적 노동을 하지 않는데도 돈이 많은 사람이 있다는 것은 생산적 노동을 하면서도 몹시 가난하게 사는 사람이 있음을 의미한다. 베블런은 그 둘이 약탈하고 약탈당하는 관계에 있다고 보았다. 이미 말한 것처럼 유한계급은 부유하기 때문에 혁신을 거부한다. 그런데 가난한 사람들은 너무나 가난한 나머지 혁신을 생각할 여유가 없어서 보수적이다.

기존의 사유습성을 바꾸는 것은 유쾌하지 못한 일이며 상당한 정신적 노력을 요구한다. 변화된 환경이 무엇인지, 나의 정신적 태도가 어떠한지, 무엇을 어떻게 바꾸어야 하는지를 생각하고 기존의 사유습성을 바꾸는 데 대한 본능적 저항감을 극복하려면 힘겨운 노력을 해야 한다. 지배적 생활양식에 순종하면서 일상적 생존투쟁을 견뎌내는 데 모든 에너지를 쏟아 부어도 부족하다고 느끼는 사람들은 이 과업을 수행하기 어렵다.

풍요로운 사람들은 오늘의 상황에 불만을 느낄 기회가 적어서 보수적이고, 가난한 사람들은 내일을 생각할 여유가 없어서 보수적인 것이다. 생활환경 변화에 적당한 압력을 느끼면서도 학습하고 사유할 여유가 있는 중산층이 가장 뚜렷한 진보주의의 성향을 보이는 것은 바로 이런 이유 때문이다.

어느 사회에서나 고령층이 청년들보다 더 보수적인 현상도 마찬가지 논리로 설명할 수 있다. 젊은이들은 기존의 제도와 사유습성에 노출된 기간이 짧으며 지적 활동이 상대적으로 왕성하다. 기존의 사유습성에 대한 집착이 덜하고 그것을 바꾸는 데 쓸 수 있는 정신적 에너지가 풍부하다. 반면 나이가 들수록 기존의 사유습성은 더욱 강력한 지속성을 지니며 그것을 바꾸는 데 쓸 수 있는 정신적 에너지는 부족해진다. 사람 따라 정도 차이가 있기는 하지만 나이가 들수록 점점 보수적으로 변하는 것은 불가피한 생물학적 필연이다.

역사의 중대한 고비마다 청년층이 낡은 제도와 지배적 사유습성, 전통적 생활양식에 반기를 드는 주체로 나선 것은 바로 이 때문이다. 모든 사회에서 청년은 상대적으로 진보적이지만 노인은 그보다 보수적이다. 고령 유권자들이 압도적으로 보수정당을 지지하는 것은 어느 정도 불가피하고 자연스러운 현상이다.

한때 진보의 기수였던 우리의 이른바 '386 세대'도 '486'이 되고 '586'이 되면서 상대적 보수화의 길을 걷고 있다. 지금 진보 성향의 정당을 지지하는 30대 유권자들도 30년 후에는 보수정당을 더 많이 지지하게 될 것이다. 기성의 모든 권위와 관습을 거부하고 부정하면서 전후 독일 사회를 벌컥 뒤집어놓았던 독일 '68혁명 세대'도 이제 보수신문을 구독하고 벤츠 승용차를 즐겨 모는 중장년 시민이 되었다. 공산당원 할아버지와 사회민주당원 아버지를 가진 독일 젊은이들은 구좌파를 외면하고 신좌파(New Left)인 녹색당으로 대거 몰려들고 있지만 그들도 몇십 년 세월이 흐르면 새로운 시대의 조류에 거부감을 느끼게 될 것이다. 진보주의에 매혹을 느꼈던 젊은이가 나이가 들면서 보수주의로 회귀하는 것은 인간의 생물학적 운명이다. 계급적 귀속은 진보주의자와 보수주의자를 결정하는 중요한 변수이지만 유일한 변수는 아닌 것이다.

사회 발전의 근본적 힘, 진보와 보수의 균형

새는 좌우 두 날개로 난다. 보수주의가 생물학적 본능이고 진보주의는 목적의식적 지향이다. 보수가 구심력이라면 진보는 원심력이다. 사회는 진보와 보수가 있기에 유지되고 발전한다. 진보주의자만 있는 사회는 안정성이 없을 것이다. 생활환경의 사소한 변화조차도 통제할 수 없는 사회적 혼란과 정치적 혁명으로 번져나갈지 모른다.

반면 보수주의자만 사는 세상에서는 변화와 혁신이 불가능할 것이다. 그 사회는 존립을 위협하는 심각한 환경 변화에 적응하지 못해 몰락할 것이다. 사회가 건전하게 발전하려면 둘이 적절한 균형을 이루어야 한다.

'진보는 분열로 망한다'는 주장이 있다. 조금 더 부드럽게 표현하면 진보는 단결하는 능력이 부족해 어려움을 겪는다. 현존하는 지배적 사유습성을 지키는 보수주의는 익숙한 것을 수용하고 낯선 것을 배척하는 인간의 본능에 부합한다. 쉽게 단결하며 잘 무너지지 않는다. 무너져도 단시간에 수월하게 복원된다. 반면 진보주의는 새로운 사유습성을 창조하여 지배적인 것으로 만들어야 하는 운동이다. 진보는 본능을 거슬러 간다. 그래서 쉽게 단결하지 못하며 작은 오류만으로도 쉽게 무너진다. 한 번 무너지면 복구하기 어렵다. 평생 진보주의자로 사는 것은 쉬운 일이 아니다.

맺음말 – 훌륭한 국가를 생각한다

나는 사람들 사이에 정의를 수립하는 국가를 원한다. 국민 한 사람 한 사람을 수단이 아니라 목적으로 대하는 국가, 국민을 국민이기 이전에 인간으로 존중하는 국가, 그런 국가가 훌륭하다고 생각한다. 나는 부당한 특권과 반칙을 용납하거나 방관하지 않으며 선량한 시민 한 사람도 절망 속에 내버려두지 않는 국가에서 살고 싶다.

그런 국가에서 개인으로서 훌륭한 삶을 살려면 우리들 각자는 "먼저 인간이고 그 다음에 국민이어야 한다"고 믿는다. "법에 대한 존경심보다는 먼저 정의에 대한 존경심을 기르는" 시민이어야 한다고 생각한다. 그래야만 훌륭한 국가를 만들 수 있고 훌륭한 국가에서 살 합당한 자격이 있다고 믿기 때문이다. 그러나 아직 그런 나라가 되지 못했다고 해서 대한민국을 비하하거나 사회를 냉담하게 대하지는 않는다.

우리 모두는 국가 안에서 국가와 관계를 맺으며 산다. 누구도 국가를 떠나서는 삶을 영위할 수 없다. 그래서 국가가 훌륭하지 않으면 시민의 삶도 훌륭하기 어려운 것이다. 세상 그 무엇도 국가를 대신하지 못한다. 우리에게는 능력있는 국가가 필요하다. 정통성 있는 권력이 서지 않으면, 강력하고 능력 있는 주권국가가 아니면 그 무엇도 시민을 보호하고 사람들 사이에 정의를 세울 수 없다. 그 어떤 기업조직이나 시민단체도 국가의 빈 자리를 대신 채우지는 못한다. 훌륭한 국가에서 살고 싶다면 좋은 정당, 민주적인 정치, 효율적인 행정을 실현하는 일에 시민들이 더 큰 관심을 가지고 능동적으로 참여해야 한다.

어떤 훌륭한 지도자가 나타나서 정의를 실현할 능력있는 국가를 만들어주기를 기대하는 것은 헛된 일이다. 아무리 뛰어난 개인도 혼자 힘으로 훌륭한 국가를 만들지는 못한다. 훌륭한 국가를 만드는 것은 주권자인 시민들이다. 어떤 시민인가? 자신이 민주공화국 주권자라는 사실에 대해서 대통령이 된 것과 똑같은 무게의 자부심을 느끼는 시민이다. 주권자로서 마땅히 누려야 할 권리가 무엇이며 어떤 의무를 수행해야 하는지 잘 아는 시민이다. 자신의 삶을 스스로 설계하고 책임지면서 공동체의 선을 이루기 위해 타인과 연대하고 행동할 줄 아는 시민이다. 그런 시민이라야 훌륭한 국가를 만드는 데 기여할 수 있다.

훌륭한 국가는 외부 침략과 내부 범죄의 위협에서 국민의 생명과 재산을 보호한다. 그러나 단지 안보와 치안을 잘한다고 해서 훌륭한 국가라고 할 수는 없다. 그것은 기껏해야 유능한 안보국가일 뿐이다. 훌륭한 국가는 국민의 물질적 생활을 풍요롭게 만든다. 그러나 물질적 부의 증진만으로 훌륭한 국가가 될 수 있는 것은 아니다. 그것은 고작해야 자본주의 발전국가에 지나지 않는다. 훌륭한 국가는 만민에게 자유를 보장한다. 그러나 그것만으로는 계급지배의 도구라는 비난을 모면한 민주국가가 될 수는 있을지언정 훌륭한 국가라고 하기는 어렵다.

훌륭한 국가는 실업과 빈곤, 질병, 고령, 재해와 같은 사회적 위험에서도 시민을 적극 보호한다. 시민들이 스스로 연대하여 자신을 지킬 수 있도록 돕는다. 그런데 안보와 경제발전과 민주주의를 토대로 삼지 않고 만들 수 있는 복지국가는 없다. 이 네 가지 국가는 서로 다르지만 상호 배척하지 않는다. 훌륭한 국가는 네 가지 모두여야 한다. 대한민국은 그 모든 것을 실현하는 데 필요한 정치적 절차와 제도를 가지고 있다.

더 생각해 볼 문제

1. 위 글에서 말하고 있는 진보와 보수의 개념을 비교, 대조해 보자.

2. '부유한 사람들', '가난한 사람들', '노년층'이 '보수주의'를 택하게 되는 각각의 이유를 설명한 대목을 찾아 간단히 말해 보자.

3. '인간의 삶에서 보수주의가 기본'인 이유가 무엇인지 설명해 보자.

4. '평생 진보주의로 사는 일'이 왜 쉽지 않은 일인지 말해 보자.

5. 자신의 성향은 '진보와 보수' 중 어느 쪽에 가까운지 생각해 보자.

6. 한 사회의 발전과 유지에 있어서 '진보주의'와 '보수주의'가 각각 어떤 역할을 하는지 토론해 보자.

7. '맺음말'에 나타나 있는 '훌륭한 국가'에 대한 정의를 요약해 보자. 그리고 자신이 생각하는 '훌륭한 국가'에 대한 생각은 어떠한지 정리해 보자.

2. 사회적 자본, 우리가 사회의 일원이며 공동체라는 의식

레베카 솔닛, 『이 폐허를 응시하라』,

정해영 역, 펜타그램, 2012.

이 책은 '대재난 속에서 피어나는 혁명적 공동체에 대한 정치사회적 탐사'라는 부제를 달고 있다. 부제에서 볼 수 있듯이 이 책은 지진과 초대형 태풍 같은 대재난 속에서 인간의 행동을 탐구한 보고서이다. 저자는 대형 재난을 겪은 많은 사람들의 경험을 담은 인터뷰를 정부 대응 및 미디어의 보도를 비교하여 분석한다.

저자의 결론은 이렇다. 대재난 속에서 재산과 생명을 모두 잃을 위기에 처한 평범한 사람들은 오히려 연대의식과 공동체성을 발휘하는 반면, 소수의 권력 집단과 언론 매체는 대중을 혼란에 빠진 약탈자로 취급하는 경우가 많았다는 것이다. 저자는 모든 재난의 최악은 자연 재해 자체가 아니라 소수 권력자들의 '엘리트 패닉'이라고 말한다. 대중들이 폭도로 변할 것이라는 지레짐작으로 갖게 되는 두려움인 '엘리트 패닉'은 인간에 대한 믿음을 무너뜨리는 '사회정치적인 재난'이며 '가장 나쁜 재난'이라는 것이다. 저자는 이를 해결하기 위한 궁극적인 방안으로 '공동체 의식과 연대감, 사회적 시스템의 구축'이 중요하다고 강조하고 있다.

저자 소개

레베카 솔닛(1961~)

인권 운동가, 작가. 샌프란시스코 주립대학에서 영문학을 공부하고 캘리포니아 대학에서 저널리즘 연구로 석사 학위를 받았다. 1980년대부터 인권 운동, 반전 운동, 반핵 운동에 참여하기 시작해 2011년 월스트리트 점령 시위에도 적극 참여했다. 『이 폐허를 응시하라』는 2009년 『뉴욕타임스 북리뷰』의 '올해의 주목할 만한 책'으로 선정되었다. 『걷기의 인문학』, 『남자들은 자꾸 나를 가르치려 든다』 등의 저서가 있다.

머리말

–폐허에서 발견한 날카로운 기쁨

당신은 누구인가? 우리는 누구인가? 위기의 순간에 이것은 생사를 가르는 질문이다.

허리케인 카트리나가 뉴올리언스를 덮쳤을 때, 멕시코만 연안 전역에서 친척이나 이웃, 혹은 생면부지의 타인들이 손을 내밀었다. 인근 지역과 멀게는 텍사스에서 보트를 소유한 수많은 사람들이 뉴올리언스로 달려와 고립된 사람들을 구조한 덕분에 수천 명이 목숨을 건졌다.

반면 경찰과 방범대원, 정부 고위관료, 대중매체는 뉴올리언스 시민들이 너무 위험해서 침수되고 오염된 도시에서 대피시킬 수 없다고 했다. 심지어 병원에 있는 환자들조차 구조할 수 없다고 결정하는 바람에 수백 명이 목숨을 잃었다. 탈출을 시도하던 사람들 중 몇몇은 총으로 위협당해 돌려보내지거나 사살되었다.

집단 강간과 살육과 폭력에 대한 소문이 나돌았다. 나중에 이 소문은 사실이 아닌 것으로 밝혀졌지만 대중매체와 뉴올리언스 경찰청장은 그 괴소문들을 믿었고 그것을 확산시켰다. 사람들이 지붕과 도로와 혼잡한 대피소와 병원에서 물도 식량도 의약품도 구하지 못하고 치료도 받지 못한 채 참을 수 없는 더위 속에서 죽어가는 그 절체절명의 순간에 말이다. 군인들과 구조대원들은 그런 괴소문 때문에 피해자들을 오히려 적으로 보게 되었다. 믿음이 중요하다.

지진이나 폭격, 태풍이 닥치면 사람들은 대부분 이타심이 발동해 자기 자신과 가족, 친구와 사랑하는 사람들뿐 아니라 타인과 이웃을 보살피는 데 적극적으로 참여한다. 재난이 닥쳐오면 인간은 이기적으로 돌변하고 공황에 빠지거나 야만적인 모습으로 퇴보한다는 관점은 그다지 사실적이지 않다. 세계대전 대폭격에서부터 홍수와 토네이도, 태풍에 이르기까지, 많은 재난 속에서 사람들의 행동을 수십 년 동안 꼼꼼히 연구한 학자들이 이러한 사실을 입증했다.

그러나 사람들의 믿음은 학자들의 연구를 뒤따라가지 못하고 있다. 대재난을 당했을 때 주로 최악의 행동을 보이는 사람들은, 남들이 분명 야만적으로 행동할 것이므로 자신들은 야만적 행위를 막으려는 방어적 조치를 취해야 한다고 믿는 이들이다. 1906년 샌프란시스코 지진에서 2005년 뉴올리언스 홍수에 이르기까지 무고한 사람들이 그러한 자들에게 살해되었다. 살해자들은 오히려 희생자들이 범죄자이며 자신들은 질서의 수호자라고 주장했다. 믿음이 중요하다.

2005년 초대형 허리케인 카트리나로 물에 잠긴 대도시, 뉴올리언스

뉴올리언스에 남겨진 사람들은 대부분 노인이나 병자, 혹은 다른 면에서 취약한 사람들, 어머니와 어린 자식들이거나 차마 가족을 남겨놓고 대피할 수 없었던 대가족이었다. 대피하지 않은 사람들을 탓하는 이들도 있지만, 그들 중 많은 이들은 대피할 자원이 없었다. 자동차도, 기름을 살 돈도, 갈 곳도 없었다.

수천 명의 여행객들도 뉴올리언스에서 출발하는 비행기 운항이 취소되는 바람에 발이 묶였다. 어떤 주민들은 자신들의 재산을 보호하려고 남았고, 의사와 간호사를 비롯한 어떤 이들은 떠나지 못한 사람들을 돌보려고 남았다. 허리케인이 닥치기 전 주말 늦게 의무 대피 명령이 내려졌지만, 대피를 할 수 있는 도움이나 자원은 제공되지 않았다.

8월 31일 수요일 즈음, 카트리나는 자연재해도 훌쩍 넘어서고 제방 붕괴와 도시 홍수 같은 인재(人災)까지 넘어서는 무엇으로 발전했다. 그것은 사회정치적 대재난이었다. 가장 취약한 사람들, 특히 노인들이 비참한 죽음을 맞았고, 컨벤션센터와 슈퍼돔 밖에서 종종 슬픔에 젖은 가족들이 둘러선 가운데 그들의 시신이 카메라로 생중계되었다. 그들은 정말로 버려졌다. 이것은 엄청난 범죄요, 국가적 수치였다. 버려지거나 갇힌 사람들.

그러나 뉴올리언스가 어떤 식으로 고립된 감옥도시가 되었는지는 나중에야 밝혀졌다. 사회적 와해란 어떤 때를 뜻하는가? 절도가 급증할 때? 아니면 사람들이 재산을 훔쳐갔다고 의심되는 이들을 죽이려 할 때? 아니면 가장 취약한 이들이 죽도록 방치되는 때? 아니면 권력자들이 원조와 대피를 막을 때?

이 시기 내내 연방재난관리청은 다양한 기관에서 제공하겠다는 도움을 모두 거절했다. 구조 자원자, 버스나 트럭에 실은 물자, 선상 병원과 식수, 기타 물품이 갖춰진 군함, 버스보다 효과적으로 대규모 인원을 이송할 수 있는 교통수단, 그 모든 것을 말이다. 거절의 이유는 뉴올리언스로 들어가는 과정이 안전하지 않다는 거였다. 주민들을 대피시킬 버스를 공급하는 일은 계약에 따라 부시 행정부 지지자에게 맡겨졌는데, 그는 사실 버스를 취급하지 않는 사람이었다. 그의 전문 분야는 트럭이었기 때문에 버스를 재난 현장에 보내려면 버스 회사를 찾아 하청을 줘야 했다. 이런 방식은 불합리한 수익을 낳았고 참을 수 없는 지연 상태를 만들었다.

대중 매체는 잘하는 쪽과 못하는 쪽으로 나뉘었다. 한편으로는 안전하고 평범한 역할을 거부하고 피해 지역에서 열정과 용기와 동정심을 가지고 보도에 임한 언론인들이 있었다. 이들은 정부에 분노를 넘어 격노를 금치 못했다. 정부가 초반에는 대피와 구조 임무를 제대로 수행하지 않았고, 후반에는 생지옥으로 변한 뉴올리언스에서 사람들을 탈출시킬 교통편은 고사하고 물과 음식, 의료 지원과 위생시설 같은 것조차도 제공하지 않았기 때문이다.

다른 한편에는 현장과 멀리 떨어진 곳에서 검증되지 않은 이야기들을 보도한 언론인들이 있었다. 이들은 끔찍한 범죄, 저격수, 약탈자, 대규모 강간, 대규모 살인, 인질, 야만적 난행 등이 일어나고 있다고 열심히 소문을 퍼뜨렸다. 이런 텔레비전 방송국과 신문은 카트리나 사태를 심각한 사회적 위기로 만드는 데 일조했다.

야만적인 폭도인가, 지쳐있는 피해자들인가

9월 3일 『뉴욕타임스』는 뉴올리언스가 '무정부주의와 죽음, 약탈, 강간을 일삼는 깡패, 무고하게 고통 받는 사람들, 치안을 경시하는 지옥이었다'라고 보도했다. 그때까지 슈퍼돔에는 수백 명의 피살자들이 있는 것으로 되어 있었고, 아동 강간 이야기가 손쓸 수 없이 퍼져 있었으며, 무장한 폭력배들이 길거리에서 약탈을 일삼고 다닌다는 소문이 돌았다. 식인에 대한 소문까지 있었다. 사람들은 이러한 끔찍한 얘기들을 상당 부분 믿었고, 그들이 느끼는 두려움과 혼란은 더욱 커졌다. 소문에 대한 정정은 너무 늦게, 너무나 조용히 이루어졌다.

서른 살 된 경찰관, 뒤마 카르테르는 훗날 그의 상관이 공황에 빠져 야단법석을 떨던 일을 회상했다. "경감님이 말했습니다. '자네들 모두 호텔에서 나오게. 사람들이 폭동을 일으키고 망할 놈의 호텔을 불태워버릴 거야. 사람들이 컨벤션센터 대로에서 서로 죽이기 시작할 걸세. 대규모 살육이 일어날거야.' 그때는 재난이 나흘째 접어들 때였고, 저는 경감님에게 설명했죠. 이 사람들은 너무 지치고 목이 타고 굶주려서 설사 폭동을 일으키고 싶어도 접이식 의자 하나 넘길 힘도 없다고 말이죠."

사실 컨벤션센터의 대다수는 평화적이고 이타적이었으며 지쳐 있었다. "그때 지원 헬리콥터가 왔습니다. 헬리콥터는 사람들의 1~2m 높이에서 음식과 물을 떨어뜨렸어요. 높은 곳에서 떨어뜨리는 바람에 상자가 터져 물병이 콘크리트 바닥 여기저기를 뒹굴었죠. '선한 사마리아인들'이라는 집단이 있었는데 그들은 손수레로 먹을 것과 물을 주워 싣고 사람들에게 가져다 줬어요. 사람들은 폭동도 싸움도 없이 물건을 나눠 가졌어요. 그때 어떤 이들이 음식과 물을 한 상자 챙겨서 우리에게 가져왔어요. 우린 받지 않았어요. 걱정 말고 아이들과 노인들에게 주라고 했죠. 하지만 어쨌든 그들은 우리까지 찾아주었어요! 컨벤션 센터는 높고 마른 땅에 있어서 사람들이 살아남았죠. 그들은 함께 모여 밤마다 노래를 불렀어요. 그리고 우리에게 와서 이렇게 묻곤 했죠. '피곤해 보이는데 괜찮아요?' 그들은 내가, 우리 경찰이 보호해야 할 사람들이었는데 말이죠."

스스로 돌보고 보호하는 사람들

한 여성은 이렇게 말했다. "여자들을 강간하거나 아이들을 해치지 못하게 하기로 작정한 젊은 남자들의 무리가 있었어요. 그들은 아이들에게 주스를 구해다 주고, 물을 건너온 사람들에게 옷을 구해다 주고, 노인들에게 부채질을 해주었어요. 무엇보다 이 무리의 마음을 움직인 건 노인들이 처한 열악한 환경이었어요. 그들은 세인트찰스 가와 나폴

레옹 가에서 약탈을 했어요. 그곳에 약품과 기본적인 생필품을 파는 곳이 있었거든요. 사람들은 그들이 온갖 물건을 닥치는 대로 약탈했을 거라고 생각하겠죠? 하지만 그들은 아기들을 위한 주스와 노인들을 위한 물, 맥주와 먹을 것, 그리고 사람들이 서로를 잘 볼 수 있도록 야광 우의를 가져왔어요. 그들은 아주 침착했고 잘 조직된 사람들이었어요."

그녀는 그들을 로빈 후드에 비유했다. "정부는 우리를 마치 짐승처럼 갇히게 했지만 가장 의외의 장소에서 지금까지 보아온 중에 가장 위대한 인간애를 보았어요." 컨벤션 센터와 슈퍼돔에서는 언론이 보도하고 당국이 상상한 것보다 상호부조가 훨씬 더 강했고 사회적 다윈주의(약자는 도태되고 강자만 살아남는다는 생각)는 훨씬 더 약했다.

같은 해 9월 26일 언론은 슈퍼돔에 살해당한 시신이 200구 가량 있을 거라는 보고를 받았지만 실제 시신은 여섯 구이며 그 중 네 구는 자연사한 것이었음을 확인했다. 그리고 이렇게 결론 내린다. "주요 관계자들의 말에 따르면 대규모 살인과 강간, 구타 등 이재민들이 저질렀다는 잔혹 행위의 대부분은 거짓이거나 증거가 없는 일로 판명되었다."

인종주의자들의 폭력과 살인, 그리고 정부의 간접 살인

공황에 빠진 엘리트들과 마찬가지로 인종주의자들은 자신들이 없으면 심각한 야만 행위가 벌어질 것이라고 믿었다. 그들은 자신들의 살인과 폭력은 문명을 수호하고 질서를 유지하기 위한 행위라고 착각한다. 그러나 모든 흑인이 범죄자라고 상상하고 범죄와 무관한 개인들을 징벌하는 것은 가장 병적인 형태의 인종주의요, 가장 오만한 형태의 자경주의다. 허리케인이 몰고 온 불안과 소문 탓에 이런 세력들은 치명적인 폭력 세력으로 변했다.

도시가 물에 잠기고 시스템이 무력화된 이후 대중매체가 쓴 것은 통제할 수 없을 만큼 미쳐 날뛰는 야만적인 아프리카계 미국인에 관한 내용이었다. 그런 내용은 대부분 사실무근으로 판명되었다. 반면 총기들로 중무장한 백인 집단의 무차별적인 폭력과 살상에 대해서 말하는 사람들은 거의 없었다. 명백한 살인도 그냥 간과된 것이다.

간접 살인까지 계산하면 더 많은 살인을 발견할 수 있다. 뉴올리언스에 허리케인이 도착하기 전까지 주민들을 대피시키는 계획이 미비했던 것부터가 간접 살인이다. 부유한 백인들은 SUV를 타고 뉴올리언스를 탈출한 반면, 주로 흑인들, 늙고 자동차가 없는 빈민들은 해수면 아래의 오두막과 노후한 주택에 남아 희생되었다. 부시 행정부가 경찰을 수색과 구조 작업에서 빠지게 한 일, 연방재난관리청의 역할을 축소시킨 일, 연방재난관리청이 구호물자와 자원봉사자들을 한사코 거절하고 받아들이지 않은 일도 모두 간접 살인에 해당된다. 언젠가 검시관 기록에 접근할 수 있는 연구자가 이러한 정부의 '지체와 차단' 때문에 얼마나 많은 사람들이 뉴올리언스에서 죽었는지 추정할 날이 올 것이다.

사회적 유대감, 사회적 자본의 중요성

모든 재난에서 엘리트 패닉이 나타나거나 대피에 실패하는 건 아니다. 1973년 1월 23일, 아직 어둠이 가시지 않는 이른 아침에 아이슬란드 연안의 한 섬에서 일어난 화산 폭발은 예측할 수 없는 기습적인 사건이었다. 그럼에도 불과 여섯 시간 만에 시내 근처에 있던 배들이 5300명의 주민들을 안전하게 대피시킬 수 있었다. 6개월 동안 용암이 흘러내려 시내의 3분의 1을 덮어버렸고, 주민들은 뜨거운 열기와 용암, 연기를 피해 몇 년간 다른 지역에서 살아야 했다. 그러나 다른 재난들에서처럼 사회적 문제 없이 다시 돌아와 공동체를 재건했다. 아이슬란드는 규모가 작은데다 단일 민족으로 구성된 농촌을 배경으로 하고 있기 때문인지 공식적인 정치 참여의 전통은 빈약한 반면, 사회적 유대의 전통은 풍부하다. 화산이 터졌을 때 바로 대피 계획이 나왔고, 사람들은 그에 따라 행동했다.

섬나라 쿠바는 규모는 아이슬란드와 비슷하지만 다른 면에서는 차이가 아주 많다. 쿠바는 허리케인에 대처하기 위해 효과적인 민방위 체제를 갖추고 있다. 쿠바 정부는 재난 교육과 조기경보 시스템, 기상학 연구, 비상연락 시스템, 비상사태 대책, 민방위 시스템을 제도화하여 허리케인으로부터 국민의 생존을 보장하고자 필요한 모든 것을 완비했다. 대형 허리케인이 발생하면, 전 주민이 위험한 해안에서 더 높은 지대로 대피한다. 사망률은 아주 낮다.

쿠바의 시민사회 역시 중요하다. 사람들은 서로를 방문하여 살피고, 탈출을 꺼리는 사람들에게 함께 가자고 재촉하고, 전반적으로 카트리나와 시카고 혹서 때처럼 많은 사람들이 고립되는 상황을 방지한다. 한 시민은 이렇게 평했다. "쿠바는 모든 시민이 저마다 책임과 의무, 장소를 가진 상호부조의 사회로 조직되어 있다. 허리케인이 쿠바를 위협했을 때 사람들은 안내에 따라 일사불란하게 움직인다. 그들은 늙은 사람과 젊은 사람, 아픈 사람과 건강한 사람, 개와 고양이, 앵무새와 염소, 당나귀와 젖소 모두를 안전한 곳으로 옮긴다. 지난 주에 쿠바인들은 261만 5000명을 안전한 곳으로 대피시켰다. 사망자는 네 명 뿐이었다. 이것도 4년 만에 처음 발생한 사망이다."

시민 사회에 대해 이야기하는 이들은 쿠바 재난 사회를 기능하게 한 것을 '사회적 자본(social capital)'이라고 부른다. 이 유대와 보살핌의 자산은 생존에 필수불가결하다. 국제 빈민구호단체인 옥스팜은 쿠바의 우수한 시스템을 다룬 2004년 보고서에서 이렇게 결론지었다. "쿠바인들은 위험을 감소시키기 위해 사회적 자본을 꾸준히 쌓아왔고 경제적으로 궁핍한 때에도 그렇게 해왔다. 그들의 예는 물질적인 것보다 관계와 훈련, 교육이 더 중요하다는 점을 잘 보여준다."

모든 재난은 어느 정도 사회적 재난이다. 재난 대책을 계획하고 대비하고 취약한 사람들을 보호하고 그들을 덜 취약하게 만들고 대응과 복구가 효과를 발휘하도록 만드는 것이 결국 가장 중요한 것이다. 카트리나가 닥쳤을 때 뉴올리언스는 사회를 강하게 만들려는 세력과 사회를 파괴하려는 세력들 사이의 전쟁터였다. 많은 전투에서 후자가 승리했지만 전쟁은 아직 끝나지 않았다.

더 생각해 볼 문제

1. 저자는 자연 재해가 그냥 재난으로 끝나지 않고 '사회적 위기, 사회적 재난'으로 변하게 되는 이유로 무엇을 꼽고 있는가?

2. 위에서 볼 수 있는 것처럼 카트리나와 같은 대재난 상황에서 권력 집단과 언론이 '엘리트 패닉'에 빠져 '인간이 이기적으로 돌변하고 야만적으로 퇴보한다는 사회적 다위니즘의 관점'을 대대적으로 유포하는 이유는 무엇 때문인가?

3. 이 글에서 나온 '믿음이 중요하다'라는 말은 무엇에 대한 믿음을 말하는 것인가?

4. 저자는 카트리나 당시 뉴올리언스의 피해를 '국가적 수치'라고 했다. 왜 그것이 '국가적 수치'인지 아이슬란드와 쿠바의 사례와 비교하여 설명해 보자.

5. 저자에 따르면 재난이 닥쳤을 때 '사회를 강하게 만드는 세력'과 '사회를 파괴하려는 세력'이 있다. 이 두 세력은 각각 인간과 사회에 대해 어떤 관점을 가진 이들인지 생각해 보자.

3. 노동의 가치, 노동 시장의 구조

제정임, 단비뉴스 취재팀, 『벼랑에 선 사람들』, 오월의봄, 2012.

이 책은 세명대학교 저널리즘 스쿨이 만드는 온라인 신문 『단비뉴스』에 1년 반 동안 실린 '한국인의 5대 불안' 시리즈 기사를 묶은 것이다. '한국인의 5대 불안'이란 '생계, 주거, 보육, 의료, 금융'에 대한 불안으로, 그 내용은 각 영역의 가장 취약한 장소와 사람들을 『단비뉴스』 기자들이 직접 찾아가 만나고 실제 체험을 한 내용을 바탕으로 작성되었다.

교재에 인용된 대목은 머리말과 1부 '근로 빈곤의 현장'의 처음 두 개의 기사이다. 『단비뉴스』가 제시하는 한국 사회의 문제와 대안에 대한 큰 방향성을 염두에 두고, 현재 한국 사회에서 '노동'이라는 것이 어떤 대우를 받고 있는지, 한국의 노동 시장에서 '비정규직' 노동의 문제는 어떤 것인지 생각하며 읽어보자.

저자 소개

제정임(1964~)

언론인, 교수. 14년에 걸친 『국민일보』, 『경향신문』 기자 생활을 거쳐 현재 세명대학교 교수로 재직중이다. 신문과 방송에서 다양한 시사 및 경제 관련 칼럼을 활발하게 기고하고 있으며 언론중재위원, 금융발전심의위원 등으로도 활약하고 있다. 『경제 뉴스의 두 얼굴』, 『경제 저널리즘의 종속성』, 『동네북 경제를 넘어』 등의 저서가 있다.

저자 소개

『단비뉴스』

2008년 창립된 온라인 신문. 세명대학교 저널리즘 스쿨이 실제 신문 매체를 만드는 일을 통해 학생들을 교육하고 훈련하면서 대안언론의 역할까지 하기 위해 만든 신문이다. 40여 명 이상의 저널리즘 스쿨 대학원생들이 기자와 피디로 활동하면서 취재 기사를 쓰고 신문을 제작한다. 기성 언론이 조명하지 않고 있는 빈곤 현장, 지역과 언론 이슈, 청년 문제 등을 날카롭게 지적하는 기사들을 볼 수 있다. 『단비뉴스』의 주요 기사들은 제휴 언론사인 『경향신문』, 『한겨레』, 『오마이뉴스』 등에 실리기도 하고 주요 포털사이트에 오르기도 하면서 최고 수십만 건의 조회수를 기록하기도 했다.

머리말 - 창간에서 기획기사까지

이 책은 『단비뉴스』가 2010년 6월 21일 창간 이후 약 1년 반에 걸쳐 연재한 특집 '가난한 한국인의 5대 불안'을 묶은 것이다. 여러 차례의 세미나를 거쳐 우리 사회의 빈곤층이 맞닥뜨리는 '원초적 불안' 다섯 가지를 탁자 위에 올려놓았다. 뼈빠지게 일해도 가난을 벗어나기 힘든 근로 빈곤층의 '생계 불안', 내 몸 하나 누일 곳 없는 사람들의 '주거 불안', 아이 낳고 기르기를 포기하게 만드는 '보육 불안', 중병 들면 가정 파탄을 각오해야 하는 '의료 불안', 절박한 상황에서 무자비한 고리채에 손 댄 이들의 '금융 불안'이 그것이다. 아직 기성 언론의 기자들만큼 훈련되지 못한 대신, 몇 배의 노력과 열정을 쏟아 숨겨진 실상을 생생하게 보도하자고 취재팀은 각오를 다졌다.

창간 작업의 주축이었던 대학원 2기생 중 손경호, 이보라, 황상호, 김상윤은 가장 먼저 '체험 취재'를 자원했다. 1부 '근로 빈곤의 현장'을 제대로 보도하기 위해 가장 취약한 처지에 있는 비정규직 노동자의 삶을 직접 겪어보기로 한 것이다. 아직 추위가 가시지 않은 3월, 손경호는 서울 가락시장의 일용직 파배달꾼으로 일을 시작했다. 이보라는 온갖 푸대접과 모욕을 감수해야 하는 전화판촉원(텔레마케터)으로, 황상호는 전국을 돌며 '도시의 찌꺼기'를 쓸어내는 야간청소부로, 김상윤은 호텔의 온갖 잡일을 도맡아 발이 부르트도록 뛰는 '하우스맨'으로 취업했다. 각각 2주에서 한 달간, 이들은 때로 감기와 근육통에 시달리며, 때로는 서러움에 눈물을 쏟아가며 일터에서 보고 느끼고 기록했다.

때로는 학생 기자들 자신의 경험이 기사에 쓰이기도 했다. 금융 특집 중 대학생들의 등록금 빚을 다룬 기사에는 대학 4년간 수천만 원의 대출을 쓸 수밖에 없었던 한 대학원생과 그 친구의 이야기가 담겼다. 취재팀 중에는 가난의 현장을 누빈 뒤 "이런 세상이 있나 충격을 받았다"는 학생도 있었고, "나 자신과 너무 가까운 얘기라 두렵고 고통스러웠다"고 고백하는 학생도 있었다. 이들은 '진짜 언론인이 됐을 때 지금의 느낌과 각오를 잊지 않겠다'고 다짐했다.

한국 사회의 불안을 해소하기 위한 대안

취재팀은 가난의 고통과 불안을 드러내는 데 그치지 않고 대안을 제시하려고 노력했다. 취재팀이 시리즈를 통해 제시한 대안은 크게 세 가지로 압축할 수 있다. 우선은 지금 당장 벼랑 끝에 서 있는 사람들을 위해 기초 분야의 복지를 대폭 강화하자는 것이고, 두 번째는 양극화 해소를 위해 재벌 중심 경제를 중소기업 중심으로 바꾸자는 것, 세 번째는 노동이 제 값을 받는 사회를 만들자는 것이다.

아무리 아파도 돈이 없으면 병원에서 쫓겨나 길거리에 내팽개쳐지는 사회를 만들 것인가, 아니면 끝까지 치료해주고 집에 갈 차비까지 챙겨주는 사회를 만들 것인가. 지구상에는 그 양극단 사이에 다양한 사회의 스펙트럼이 존재하고, '어떤 사회를 만들 것이냐'는 구성원들의 합의와 선택에 달렸다는 것을 취재팀은 각국의 사례를 통해 보여주었다.

우리 사회에는 복지를 확충하자는 요구를 '포퓰리즘', 즉 대중의 인기를 얻기 위한 것으로 몰아세우는 사람들도 있다. 물론 국가의 재정 능력을 벗어나 정말로 '무리한' 복지를 추구한다면 경계해야 마땅하다. 그러나 빈곤층의 고통이 한계수위에 이르고, OECD 회원국 평균 등 어떤 기준을 적용해도 한참 뒤떨어진 우리의 복지에 대해 '과도함'을 말하는 것은 적절치 않다. 국내총생산(GDP) 대비 가장 높은 수준의 복지 지출을 하는 나라들, 가장 탄탄한 복지 국가들이 금융위기에도 불구하고 성장하고 있는 현실을 보자. 빈곤층, 서민, 중산층이 고루 안심할 수 있는 복지체계를 갖추는 것은 안정적이고 지속적인 발전을 위한 필수 조건이다. 복지 확대는 '포퓰리즘'이 아니라 경제성장을 위한 투자이다.

노동의 가치가 존중되는 사회를 만드는 일도 시급하다. 우리 사회가 신자유주의적 성장을 추구한 지난 20여 년간 기업 경쟁력 향상의 구호 아래 노동자의 위상은 눈에 띄게 취약해졌다. 기업들이 인건비를 아끼려 비정규직을 늘리다보니 수백만 노동자가 정규직의 반토막 소득을 받는다. 연장근무 수당이나 4대 보험에서 소외되고 언제 그만두라고 할지 몰라 전전긍긍한다. 정부가 사용자 편에서 노조를 억압하는 태도를 보이면서 전반적인 노조 조직률은 뚝 떨어졌다. 물가는 치솟는데 최저임금은 제자리걸음이거나 쥐꼬

리만큼 오른다.

국민의 절대 다수인 노동자의 삶이 이렇게 불안한 상황에서 사회가 안정되길 기대할 수 없다. 비정규직은 꼭 필요한 곳에만 제한적으로 허용하되, '동일가치 노동, 동일 임금'의 원칙이 지켜지도록 제도와 관행을 바꿔야 한다. 노조의 단결권을 보장하고 협상력을 높여서 노동자들이 대화 테이블에 앉아 스스로의 권익을 지킬 수 있도록 해야 한다. 재벌구조 개혁과 노동 보호가 맞물리면 고용의 90%를 담당하는 중소기업이 살고, 노동자들이 살고, 진정한 의미의 '균형 성장'이 가능해질 것이다.

1부 근로 빈곤의 현장

저수지 없는 곳에서 가뭄을 나는 인생농사꾼들 : 가락시장 파배달꾼으로 보낸 14박 15일

어둠이 짙어지면, 시장은 잠에서 깨어난다. 일꾼도 일어나야 한다. 얄팍한 매트리스 두 개를 포갠 침대와 사각 티슈함 모양의 딱딱한 합성가죽 베개를 한쪽으로 밀고, 어제 탕 안에서 몰래 빨아두었던 속옷과 양말을 챙겨 든다. 짐 가방이 들어 있는 94번 옷장을 열어 작업복으로 갈아입는다. 여벌의 옷을 검은 비닐봉투에 넣어 둘둘 만 뒤 옆구리에 낀다. 카운터 아저씨에게 열쇠를 맡기고, 내 숙소인 '거북 찜질방'을 나선다. 사장의 눈치를 받지 않으려면 서둘러야 한다. 선지해장국, 볶음밥, 라면 등 분식집 메뉴 중 제일 빨리 되는 것을 골라 후루룩 마시듯 먹어치운다. 8차선 도로를 건너 달음박질하듯 가락시장으로 향한다.

2주간 이곳 가락시장에서 '배달꾼'으로 '노가다'를 했다. 구인광고를 보고 전화를 했을 때, 사장은 나이만 확인한 뒤 '묻지도 않고 따지지도 않고' 당장 나오라고 했다. 능력도 생각도 중요하지 않고, 다만 '쓸 만한 근육'만이 조건이 되는 일자리란 의미일 것이다. 첫 출근 날, 쪽파 경매사의 구성진 가락이 여기가 삶의 최전선, '시장'임을 실감케 했다.

"힐러핼라힐~ 힐러핼라힐~ 힐러핼라히야! 김만수 육지쪽파 3만 7,000원~"

파 중도매상 일꾼의 하루는 포장으로 시작해 배달로 끝난다. 포장 작업은 파를 열 단씩 비닐봉투에 넣고 파 끝부분이 모이도록 꽉 묶어서 쌓아놓는 일이다. 시장에선 '봉투치기'라고 부른다. 두 단씩 파를 잡아 흙을 털고 단을 묶은 철사 끈이 보이지 않도록 포갠 뒤 파 밑동이 봉투 안으로 가도록 넣는다. 봉투 양쪽을 잡아 힘을 줘 꽉 묶어 매듭을 두 번 만들고 봉투 끝이 접히지 않도록 잘 펴서 마무리한다. 단순 반복 작업인데, 쉴 새 없이 계속하다보니 손아귀 힘이 달리고, 손이 떨리기 시작했다. 새벽 1시에 밤참을 먹을 때 숟가락으로 뜬 국물을 나도 모르게 바닥에 흘리고 말았다. 일을 시작하고 5일이 지날 때까지 손을 벌벌 떨며 밥을 먹었다.

중간 크기 대파 한 봉투는 무게가 10kg 이상 나간다. 저녁 8시부터 이튿날 아침 8시까지 이것들과 씨름해야 한다. 가장 혹사당하는 것은 손가락 근육이다. 열 단짜리 봉투는 매듭 사이에 왼손 검지와 중지를 집어넣어 옮긴다. 헬스클럽에서 두 손가락으로 10kg짜리 아령을 열두 시간 들었다 놨다 하는 꼴이다. 작업이 끝난 파 묶음들은 '야마'를 잡는다. 작업장 내 정해진 구획에 맞춰 파를 가지런히 쌓기 위해 틀을 잡는 작업이다. 하루 작업하는 양은 어림잡아 4,000~5,000단이다.

12시간 중노동, 밥 먹는 손이 떨리고 발바닥엔 불이

밤 11시부터 배달일이 시작된다. 가락시장 내 곳곳에 주차해놓은 소매상인들의 트럭에 주문량만큼 실어줘야 한다. 200단 이하를 싣는 핸드카와 그 이상을 싣는 손수레, 그리고 목장갑이 작업 도구이다. 긴 대파는 세로로 두 줄씩, 짧은 대파는 가로로 4개씩 핸드카에 싣는다. 배달 일에서 제일 중요한 건 주의력이다. 후진하는 전동차, 좁은 골목을 가로지르는 오토바이, 육중한 엔진 굉음을 내는 트럭을 피하려면 귀가 밝아야 한다. 보험도 없는 일꾼이 사고라도 당하면 끝이다. 신경을 바짝 곤두세우고 무거운 핸드카를 이리저리 밀고 다니는 동안 손가락은 물론 팔뚝, 손목, 어깨, 허리 근육이 차례로 경고 신호를 보낸다. 평균 배달 횟수 20회. 발바닥에 불이 난다. 15년 동안 시장일을 했다는 준수(가명) 형님에게 물었다.

"손목이 아프지 않아요?"

"15년씩 이거 했는데 아플 리가 있나. 처음 보름이 고비야."

스물아홉 살이 된 사장 아들이 말했다.

"저는 중3 때부터 이거 했어요. 파 천 단 나르는 거 우습죠. 3,000단까지 날라봤는데……."

그들의 양손 검지, 중지 세 번째 마디에 굳은살이 선명하게 나 있었다. 대파를 포장하고 나르는 이곳의 하루는 '오감 불만족'이다. 눈이 아리고 코가 맵다. 나중엔 속이 쓰리다. 작업장은 밤 12시가 지나면 '나무 난로'를 피운다. 공사판 자재로 쓰던 나무들을 태운다. 동이 틀 무렵이면 파 냄새와 나무 타는 연기, 담배 냄새, 트럭이 뿜어내는 배기가스가 어우러진 '뭐라 말할 수 없는' 냄새가 몸에 밴다. 말하자면 '파 배달꾼' 냄새다.

둘째 날 눈과 비가 섞여서 내렸다. 파 부스러기와 흙이 뭉쳐 신발에 찰흙처럼 달라붙었다. 첫날보다 두 다리가 무거웠다. 10kg 정도 되는 모래주머니를 찬 것 같았다. 대량 주문을 처리하면 땀이 안경에 떨어져 흘러내린다. 맑은 날엔 입에서 바스락거리는 소리가 난다. 흙이 씹힌다. 파 밑동의 흙을 털 때와 전동차와 트럭이 작업장 바닥을 훑고 지나갈 때면 날린 흙먼지를 껌 대신 씹게 된다. 목이 계속 탄다. 배달 다녀올 때마다 보리차로 입을 헹궈야 한다.

오감 불만족의 하루, 남는 건 '파 배달꾼 냄새'

대파 중도매상은 가족 회사인 경우가 많다. 삼촌과 조카, 형과 동생, 아버지와 아들이 사업을 꾸려간다. 7평 남짓한 작업장 안에서 그들은 '사장님'이다. 그 밑에 두 부류의 노동자가 있다. 봉투치기만 해서 일당을 받아가는 일용직, 새벽에 배달 나가는 월급제 임시직. 굳이 따지자면 일용직은 숙련공이고 나 같은 임시직은 잡역이다. 사장은 둘째 날부터 '부리는 자'의 모습을 드러냈다.

"파를 그렇게 쌓으면 어떡하나?", "파 올릴 때도 요령이 있어야지!", "거기 말고 여기다 쌓으라고!", "이리로 갖고 와!", "저리로 가!", "핸드카 들고 오라고!"

대화는 없었다. 명령만 있었다. 하루에 '예, 알았습니다'만 수십 번씩 외쳤다. 일이 익숙해지기 전까지는 '나무 난로' 앞 의자에 앉지도 못했다. 서서 숨을 돌리고 있는 순간에도 "파 부스러기, 밀대로 밀어내라", "편의점에 가서 주전자에 물 좀 떠와라"는 명령이 이어졌다. 준수 형님은 정신없이 동동거리는 나를 안쓰럽다는 표정으로 바라봤다.

"힘들지? 그래도 시장 일 한 달 하면 어디 가서 못할 일이 없어. 보름이 고비야."

"사장님이 저래 보여도 뒤끝이 없는 사람이야."

"나머지 봉투치기는 내가 다 할 테니까, 동생은 쉬엄쉬엄 해."

일이 몸에 밴 그는 사장의 명령을 기다리지 않는다. 야마를 잡는 일, 파 부스러기를 밀대로 치우는 일, 트럭에 실어주는 일을 연속 동작으로 처리한다. 담배를 입에 물고 커피를 마시면서도 손은 봉투치기로 분주하다. 화장실에 갈 때도 반쯤은 총총걸음으로 뛰어간다.

베테랑 일꾼과 유랑하는 일꾼의 충고

시장에 준수 형님 같은 사람만 있는 건 아니다. 계원(가명) 씨는 별명이 '노숙자'다. 가락시장에서 3년 넘게 일했다. 봉투치기는 물론 배달일 등 온갖 시장일을 다해봤다. 그리고 여전히 이곳저곳을 떠돈다. 낯익은 사장들이나 일꾼들이 지나가면서 그에게 인사를 건넨다.

"어, 숙자 오늘도 왔네. 열심히 해라, 열심히!"

그가 입은 검정색 솜바지는 오른쪽 허벅지 부분이 찢어져 하얀 솜이 드러났다. 벙거지 모자를 쓰고 장갑도 끼지 않은 채 흙 때가 낀 맨손으로 작업한다. 중학생 정도의 체구, 엄지와 검지엔 누렇게 바랜 반창고를 붙였다. 성남에서 식비를 포함해 30만 원 하는 고시텔에서 산다고 한다. 시장 사람들이 말을 건넬 때마다 씩 웃고 만다. 그때마다 가무잡잡한 얼굴에 주름이 잡힌다. 그런데 둘째 날엔 보이지 않았다. 넷째 날이 돼서야 다시 일하러 왔다. 그는 일을 찾아 유랑하는 시장 일꾼 중 한 명이다. 사장이 드세거나, 몸이 버텨내기 힘들거나, 일이 싫증나면 다른 일을 찾아 떠난다. '노숙자' 계원 씨도 내게 충고한다.

"사장이 뭐라 그래도 한 귀로 듣고 한 귀로 흘려. 그게 속 편해."

"천천히 해. 어차피 봉투치기 잘한다고 돈 더 주는 것도 아니잖아. 자네는 파 끝에 누런 거 다 잡아 뜯은 다음 먼 산 한 번 보며 쉬엄쉬엄 해. 우리야 죽을 둥 살 둥 해야 돈이 도니깐 빨리 하는 거야."

봉투치기는 10단짜리 한 봉투 당 200원이다. 4,000단을 하면 8만원이다. 중도매상 사장이 파를 적게 들여오는 날엔 계원 씨 같은 사람은 일이 일찍 끝나지만 그만큼 일당이 줄어든다. 준수 형님은 하루에 3,000~4,000단씩 작업하기 때문에 6~8만 원 정도를 벌어간다. 계원 씨는 대개 그보다 적게 번다. 내가 봉투치기를 열심히 할수록 그들의 벌이가 줄어드는 셈이다. 몫이 줄면 끼니를 거르거나 차비를 아껴야 한다.

지낼 만한 곳을 찾는다고 말하자 계원 씨는 "고시텔에 살라"며 씩 웃었다. 아침, 저녁도 해결할 수 있고 그럭저럭 지낼 만하단다. 처음엔 함께 작업하면서 말 한마디 없던 그가 집을 구한다고 하니까 살갑게 대해주었다. 고시텔에서 지낼 형편도 안 되는 이들이 찾는 건 찜질방이다. 퇴근 후 작업장 근처 편의점에서 짜장라면을 안주 삼아 소주를 걸치던 노인도 집주소가 찜질방이라고 했다. 시장 맞은편 찜질방에 한 달 치 요금을 내고 생활한다고 한다. 낮 이용 요금이 6,000원이니까 한 달에 18만 원 정도다. 그는 편의점에서 매번 돈을 내지 않고 스포츠 신문을 꺼내보고는 앉았던 자리에 놓고 가버린다. 그런 탓에 아르바이트생과 실랑이가 잦았다.

모두가 '내 탓'인 서글픈 사람들

"일한 지 10년 넘었어. 다 자기 하기 나름이야. 나는 버는 거 술 먹느라 다 써서 남는 것도 없어."

거여동에 산다는 50세 김씨는 독신이다. 자기는 그냥 '쫄'이니 귀찮게 이것저것 묻지 말라고 했다. 그는 가정이 없다. 가정을 꾸릴 틈이 없었다. 10년 넘게 낮과 밤이 바뀐 작업장에서 일하다보니 사람 만날 시간을 내기 힘들었다. 돈은 술 마시느라 금세 바닥났다. 철야로 열두 시간씩 일하고 한 달에 150만 원을 받지만 방세, 식비를 해결하고 나면 남는 건 하루 소주 한두 병 값이 전부다. 새벽 1시. 그의 이마엔 구슬땀이 맺혔다. 눈을 부릅뜨고 "아, 왜 자꾸 도와주는 거야"라며 내친다. 말을 좀 붙여보려고 그의 일을 돕던 내가 머쓱하게 물러났다. 그는 손수레가 넘치도록 파를 싣고 어둠 속으로 사라졌다.

"돈에 너무 연연해서 하면 힘들어서 일 못해. 일하다보면 자연스럽게 월급이 올라."

홍천에서 온 박씨는 45세로, 이곳에서 일한 지 13년이 지났다. 사업을 하다가 1997년 외환위기 때 망해서 이곳에 왔다고 한다. 그는 그래도 가정이 있다. 사업할 때 부인을 만났기 때문이다. 여기서 일하면서 아이도 낳았다는 사실을 자랑스러워했다. 그 역시 한 작업장에 정착하지 못했다. 사장과 싸운 적도 있고, 동료들과 다투다 나온 적도 있다. 지금 작업장에서 일한 지는 1년이 넘었다. 아들은 고등학생이다. 언제쯤 한 곳에 정착할지 알 수 없다.

"스물여덟 살 때 빈손으로 서울에 왔어. 회사 가서 일해봐야 남 눈치 보고 돈도 얼마 못 받잖아. 이건 자기만 열심히 하면 속 편하게 벌어먹고 살 수 있었거든."

준수 형님의 말이다. 과거형인 이유는 요즘 벌이가 예전만 못하기 때문이다. 예전에는 가락시장 같은 도매시장이 몇 곳 없었기 때문에 돈을 쓸어 모을 정도로 장사가 잘되고 봉투치기 일당도 쏠쏠했다고 한다. 하지만 최근엔 서울에만도 강서구, 청량리 등 곳곳에 도매시장이 생겨서 나눠먹기 경쟁이 치열하다는 것이다. 그는 '머지않아 대파도 공장에서 상자에 담겨 나올 것'이라며 한숨을 내쉬었다. 그러면 이 사람들은 다 어디로 가야 할까?

"동생도 머리 써서 돈 벌 생각을 해야지. 몸 써서 돈 벌기 힘들어."

"나는 친구들도 여기 있고, 몸 쓰는 일도 체질에 맞아서 하는 거지. 동생은 자기한테 또 맞는 일이 있어."

"시장이 원래 냉정한 곳이야. 다들 장사꾼이기 때문에 자기 물건 팔아 줄 사람들한테나 잘해주지 동생 같은 일꾼들한테는 막 대할 때가 많아."

김씨, 박씨, 준수 형님은 모두 '자기 하는 만큼 벌어가니 열심히 하라'는 말을 입버릇처럼 했다. 술 먹느라 돈 못 모으고, 제때 안 나와서 월급 못 받고, 일 못해서 욕먹는 것은 모두 '내 탓'이라는 게 그들의 생각이었다. 사회 구조나 제도에 의문을 품는 것은 그들과 거리가 먼 일이었다. 밤새도록 뼈 빠지게 일했는데 겨우 입에 풀칠할 정도를 벌고, 작업장에서 기계 취급을 받고, 다치거나 병이 생기는 경우에도 아무런 보장이 없는 현실에 대해서는 깊이 생각하지 않았다. 그저 자신의 무능과 불운을 탓할 뿐이었다.

이들 중에는 드물게 성공한 사람도 있다. 내가 일했던 작업장의 사장은 면실을 뽑는 공장을 하다가 망했던 경험이 있다. 그때 부하직원 중 한 명의 아버지가 파 도매상을 했다. 쉬느니 자기 아버지 밑에서 일하는 게 어떻겠느냐는 권유를 받고 배달 일부터 시작했다. 그리고 몇 년 지나 파 도매상을 차렸다. 지붕도 없는 맨 땅에 파를 쌓아놓고 파는 일이었다. 비가 오면 천막을 치고 겨울에는 온몸을 떨어야 했다. 하지만 이젠 번듯하게 지붕 있는 사업장을 갖게 됐다. 그런 그도 불안하다고 한다. 재개발, 현대화의 바람을 타고 가락시장이 변모하고 있기 때문이다.

매섭게 불어 닥치는 '현대화 바람'

이명박 대통령의 공약이기도 한 가락시장 시설 현대화 계획은 2018년까지 세련된 물류시설을 도입하고, 혼잡한 주차시설을 정비하는 것이 주 내용이다. 계획대로라면 중도매상들은 모두 지하로 옮기게 된다. 이 과정에서 구조조정은 불가피하다.

서울시농수산물공사 민원실 정충남 과장은 "더 좋은 물품을 값싸게 공급하기 위해서는 중도매인들끼리 인수합병을 통해 규모화를 이룰 수밖에 없다"고 말했다. 실제로 15년 전부터 세 명 이상의 중도매 상인들이 점포를 합쳐 운영하는 경우가 늘고 있다고 한다. 이 과정에서 한 달에 6,000만 원 이상의 매출을 내지 못하는 작업장은 퇴출될 가능성이 높다고 한다. 중도매 상인은 3~5년에 한 번씩 시장에서 영업허가권을 갱신하는데, 영업 능력이 떨어지는 경우 퇴출할 수 있다는 규정이 있다. 이렇게 가락시장의 시설이 자동화되고, 영세한 점포들이 합쳐지거나 퇴출될수록 포장, 배달, 하역일을 하는 일꾼들의 일자리도 점점 불안해질 것이다.

노동부 통계에 따르면 2010년 3월 기준으로 가락시장의 파 배달꾼처럼 고용계약을 맺지 않고 장기간 임시직, 일용직으로 일하는 노동자는 전국에 490만 명이나 된다. 이는 한국노동사회연구소 김유선 소장이 '2010년 3월 경제활동인구조사 부가조사'에서 총 828만 명으로 추정하고 있는 우리나라 전체 비정규직의 약 60%를 차지한다. 내 경우처럼 장기 임시 노동자이면서 단순노무직에 있는 4인 미만 작업장 노동자는 180만 명으로 전체 비정규직 노동자의 21%를 차지한다. 가락시장 임시직 노동자의 임금은 150~160만 원 수준이다. 2009년 가구 당 월 평균 소득이 344만 3,000원인 것을 감안하면 이들은 중위소득 50% 미만의 저소득층에 속한다.

가락시장 중도매인들은 청과법인과 계약을 맺고 있어 4대 보험에 의무적으로 가입하지만, 그들 밑에서 일하는 임시직 노동자들은 자의 반, 타의 반 보험에 들지 않는다. 대개 근로계약서조차 쓰지 않는다. 번거롭기도 하고, 사용자나 노동자가 반씩 돈을 내야 한다는 부담 때문이다. 1년 이상 일한 사람들은 고용주인 중도매인들이 보험에 가입시키는 경우가 있다고 하나 역시 의무사항은 아니다. 작업 중 다치거나 고용주 사정으로 실직했을 때 아무런 대책이 없다. 이런 현실은 우리나라 취업자 2,600만 명 중 36%만이

고용보험, 산재보험 등에 가입돼 있다는 통계에서도 드러난다.

그들에게도 '오아시스'가 필요하다

이들 중 상당수가 빈곤층이지만, 정부가 마련하고 있는 빈곤층 지원제도의 혜택을 보기는 힘들다. 가락본동, 가락1·2동 주민센터, 경기동부 고용지원센터에 문의해본 결과 가락시장 내 임시직 노동자들은 거주지 주민센터 등에서 생활 상담을 받을 수 없는 경우가 많았다. 주민센터는 등록된 주소지를 기준으로 주민서비스를 제공하는데, 고시텔이나 찜질방에 거주하는 사람들은 주소지 등록이 제대로 되어 있지 않기 때문이다. 의료급여, 바우처(복지서비스 구매권), 취약계층 생활모니터링, 차상위계층 생활모니터링 제도와 같은 공공서비스는 주거환경이 불안정한 임시직 노동자들에게는 그림의 떡인 셈이다. 더 나은 일자리를 갖고 싶다고 해도 고용지원센터의 도움을 받기 어렵다. 고용보험료 납입자가 취업 지원의 주 대상인 까닭에 보험료가 부담되는 근로 빈곤층은 '논외'가 된다.

저소득 장기 임시직 노동자들은 살 집을 마련하기도 유지하기도 어렵다. 한국보건사회연구원 김태완 부연구위원의 '워킹푸어 가구의 주거 실태 및 정책적 함의' 보고서에 따르면 중위소득 50% 미만인 근로 빈곤 가구들의 소득에서 전·월세 등 임대료가 차지하는 비율, 즉 월소득 대비 임대료 비율이 30%를 넘는 가구가 20%나 됐다. 중산층 이상에서는 이 비율이 3.9%에 불과했다. 김 연구원은 "소득이 낮은 계층은 주거로 인한 부채가 많은데다 신용 불량으로 금융 이용에 제약을 받을 수 있다"고 말했다. 교통사고 등 각종 재해, 아이의 학비 마련, 주택 보증금 충당과 같이 급한 뭉칫돈이 필요할 때 이들이 도움을 받을 수 있는 곳은 사실상 없다는 뜻이다. 김 연구원은 근로 빈곤 가구들이 비정기적인 고용 상태에서도 주거안정 지원을 받을 수 있도록 정부가 대책을 마련해야 한다고 지적했다.

농사에는 저수지가 필요하다. 비가 적게 오더라도 저수지 물이 있으면 논밭을 적실 수 있다. 반대로 저수지가 없는 곳은 가뭄에 버티기 어렵다. 일본에서 그동안 관심 밖에 있던 '반(半)빈곤'을 사회 중심 이슈로 부각시킨 유아사 마코토는 빈곤 문제의 핵심을 '저수지(다메)의 부재'로 본다. 몸이 아파도, 일하다 사고가 나도 기댈 곳이 없다. 하루 벌어 하루 먹고살다보니 저축은 꿈도 꾸기 어렵다. 주소지가 불분명해 실업수당을 받기도 힘들다. 일본 얘기만이 아니다. 우리나라에도 '다메'가 없는 곳에서 인생 농사를 짓는 일들이 많다. 떠들지 않고 묵묵히 살아가기 때문에 눈에 띄지 않을 뿐이다. 그들 다수가 희망 없이 시들어가고 있다.

취·재·후·기

"저리 안 가?" 말 붙이려다 봉변당할 뻔, 흙투성이 퇴근에 목욕탕서 눈치 보며 빨래도

"아…… 내일 가면 안 될까?"

첫 출근하는 날, 도살장에 끌려가는 소 마냥 눈을 끔벅이며 한숨을 길게 내쉬었다. 준비가 부족하다는 생각이 마음을 덮쳤고, 거친 일상을 살아왔을 그들과 부대낄 걸 생각하니 두려웠다. 나 같은 풋내기 일꾼이 얼마나 버텨낼 수 있을까?

그렇게 시작한 2주간의 노동이 끝났다. 엄살 부리고 싶지 않았다. 철저하게 그들 속에서 먹고 자고 숨 쉬며 솔직한 이야기들을 담고 싶었다. 쉽진 않았다. 속사포처럼 쏟아지는 배달 명령 속에서 스마트폰 메모장에 하루 일과와 순간순간의 생각들을 기록했다. 1일차, 2일차, 3일차…… 12일차. 메모장의 차수가 늘어갈수록 팔뚝이 굵어졌다. 핸드카와 손수레의 무게 중심 잡기가 익숙해져갔다. 일이 조금씩 몸에 익어가자 사람들과의 대화도 늘어갔다.

송골송골 땀나게 일해도 가난한 그들

시장 사람들은 생각보다 따뜻한 면이 있었다. 준수 형님은 흙먼지 날리는 작업장 한 구석에 보리차를 담은 페트병을 숨겨놓고 "목에 좋은 거니까 다른 사람 주지 말고 동생만 마셔"라고 귓속말을 건넸다. 트럭에 파를 올릴 때 개수가 틀릴까봐 "하나에 하나, 둘에 두울, 셋에 셋이요~" 하고 두 번씩 세던 목소리가 기억난다. '노숙자' 계원 씨는 탄광촌에서 갓 나온 듯한 얼굴에 주름도 많았지만 옆집 사장들이 '숙자'라고 놀려도 항상 어린애처럼 맑은 웃음으로 받아쳤다. 군더더기 없는 손놀림으로 봉투치기에 열중하는 그들의 이마엔 늘 땀방울이 송골송골 맺혔다. 그렇게 열심히 일하는데 왜 가난을 벗어나지 못하는 것일까.

때론 거친 부대낌도 있었다. 부족한 인터뷰를 메우기 위해 추가 취재차 가락시장에 갔을 때 사거리모퉁이에서 100~150단씩 소량의 대파를 팔고 있는 중도매인 할아버지를 발견했다. 사연이 많을 것이라 예상하며 말을 붙였다.

"할아버지도 처음에 배달 일꾼부터 시작하셨나요?"

잠시 대답이 없던 그는 대뜸 자리를 박차고 일어났다.

"인마! 내가 배달 일꾼으로 보여? 내가 이래봬도 사장이야. 여기서 일한다고 우습게 보여? 이게 어디서! 한 대 맞을라고! 저리 안 가?" 그는 눈을 부릅뜨고 손을 올려 정말 때릴 기세였다. 아니라고 해명을 하다말고, 냅다 도망치고 말았다. 새벽까지 홀로 파니 자기를 만만하게 본다고 생각했나 보다. 시장에서 일하는 동안에도 말을 좀 붙여보려고 다가갔다가 면박을 당한 경우가 꽤 있었다.

너무 커 보였던 5,000원의 가치

밤샘 일이 끝나고 퇴근할 무렵, 가게 안주인이 늘 5,000원을 쥐어줬다. 아침을 먹으라는 뜻인데, 일종의 수당인 셈이다. 5,000원이 그렇게 귀하고 커 보인 적이 없었다. 4,500원, 5,000원 하는 밥은 너무 아까워 주로 김밥과 토스트를 먹었다. 찜질방 근처엔 김밥이 2,000원이었지만 조금 더 걸어가면 1,500원짜리 김밥이 있어 그걸 사먹었다. 토스트 전문점에서 3,000원 하던 토스트가 다른 가게에서는 2,500원이었다. 그렇게 해서 몇 백 원이라도 더 남기면 뿌듯했다. 어떻게 번 돈인데.

퇴근 후엔 숙소인 찜질방의 화장실부터 들렀다. 비닐 소재 점퍼에 물을 묻혀 흙먼지를 닦아내야 했기 때문이다. 갈아입을 바지가 들어 있는 봉투를 화장실 문고리에 걸어놓은 다음 수도꼭지를 틀고 흙먼지를 쓸어내렸다. 비가 온 날에는 세면대 위에 신발을 걸쳐놓고 진흙을 닦아내야 했다. 점퍼가 하나뿐이라 빨아 널 수가 없었다. 초봄이라도 새벽엔 날씨가 서늘했기 때문이다.

흙투성이로 퇴근하는 나를 위아래로 훑던 카운터 아저씨의 시선이 마음에 들지 않았지만, 찜질방 생활은 할 만했다. '목욕탕 내 빨래 금지'를 어기고 속옷을 빨다가 들키지만 않으면. "드르렁 쿠앙! 푸르르~" 하는 옆자리 아저씨의 거친 숨소리를 제외하면. 다음날 취재를 위해 펼쳐놓은 『역동적 복지국가의 논리와 전략』 등의 책을 읽느라 감기는 눈꺼풀을 치켜떠야 하는 부담이 없었다면.

시장은 역동적인 삶의 현장이었다. 전동차와 핸드카, 손수레의 부산스런 움직임은 땀 냄새를 물씬 풍겼다. 책과 신문 속에서만 세상을 보던 내가 우물 밖 현실을 직시할 기회를 얻었다. 하지만 그 안에서 살아가는 사람들이 조금 덜 고단하고, 조금 더 희망을 가질 수 있다면 얼마나 좋을까. 만일 내 직업이 진짜 시장 일꾼이었다면 결혼도, 내 집 장만도, 아이 낳는 것도 좀처럼 이룰 수 없는 꿈이라고 생각했을지 모른다. 거친 피부에 따뜻한 속살을 가진 그들이 활짝 웃을 수 있는 날이 올까.

- 손경호

전화를 건다, 하루에도 수십 번 심장을 찔린다 : 텔레마케터 2주 현장 기록

"나랑 사귈래요?"

어쩐지 친절하게 전화를 받아준다 싶었다. 오늘 따라 스크립트(대본)를 보지 않아도 술술 설명이 잘됐고, 고객은 곧 주문이라도 할 것처럼 살갑게 굴었다. 드디어 한 건 하는 건가? 기대도 잠시, 수화기 저편의 남자가 낮게 웃음을 깔더니, 자기랑 사귀잔다.

"아, 아니요. 죄송합니다. 고객님."

당황해서 후다닥 전화를 끊었다. 귀까지 열이 확 오른다. 무안하고, 허탈하다.

서울 영등포구의 한 전화 판촉 업체에서 유명 통신회사의 인터넷 TV(IPTV) 서비스 상품을 팔았다. 고작 2주일 체험한 것이었지만, 하루에 지옥을 몇 번씩 갔다 오는 듯한 감정의 풍파를 겪었다. 상품 설명을 듣고, 고객을 설득하는 요령을 배우는 데 주어진 시간은 단 하루.

"자, 슬슬 전화를 돌려보세요."

이튿날부터 '실전'에 들어갔다. 어색한 손놀림으로 헤드셋을 머리로 가져갔다.

단단히 각오를 다지고 시작했건만, 가슴이 요동친다.

뚜. 뚜. 뚜,…… 신호가 간다.

받지 마라. 받지 마라.

딸깍.

"여보세요?"

실컷 스크립트를 보고 연습했지만, 말이 잘 떨어지지 않는다. 발음은 뭉개지고, 심지어 더듬기까지.

"됐어요."

"필요 없어요."

"아침에 이 전화 받았거든요?"

"TV가 없어요. TV도 사은품으로 주시든가!"

고객들은 내가 초보인 것을 꿰뚫고 있는 것처럼 느껴졌다. 어설픈 판매원을 비웃는 것 같기도 했다. '필요 없다'는 냉랭한 반응에 힘없이 전화를 끊는 나에게 실장을 "당길 줄 알아야지" 하고 혀를 찬다.

목까지 넘어오는 '울음'을 삼키고

"그래서, 결국은 돈 내라는 얘기잖아! 무료 기간이고 뭐고 결국은 돈 내란 얘기 아니야? 내 말 틀렸어?"

한 고객이 IPTV '무료 체험'이란 말을 듣고 호기심을 갖다 갑자기 화를 버럭 낸다. 일단 무료 체험을 한 뒤, 좋으면 월 사용료를 내고 쓰라는 얘긴데 완전 공짜를 바랐던 모양이다. 고함소리가 너무 커서 귀가 찢어질 것 같다.

"네? 네? 그…… 그렇죠……."

욕을 한 바가지 먹고 얼이 빠져서 전화를 끊었다.

머리털이 곤두섰다. 동료들이 내 통화 내용을 들었을 것 같아 너무 민망했다. 뒤통수가 뜨거워지더니, 어느새 귀까지 빨개진다. 눈물이 고이기 시작한다. 울음이 목젖까지

차올랐다. 입술을 깨물었다. 감정 조절을 못하는 무능한 사람으로 보일까봐 안간힘을 써서 억눌렀다. 숨을 몰아쉬고 또 전화를 돌렸다.

"저기요. 있잖아요. 저 이런 전화 정말 싫거든요? 이런 전화 대체 왜 하는 거예요? 내가 왜 직접 텔레마케터 전화 거부 등록을 해야 하는 거야?"

이번 고객은 처음에 조곤조곤하던 말투가 점점 신경질적인 반말로 변했다.

"네, 네, 죄송합니다. 고객님."

나도 모르게 머리까지 조아렸다. 쿵쾅쿵쾅. 심장 소리가 너무 커서 누가 들을 것만 같다. 놀란 가슴을 진정시켜야 한다. 하지만 그럴 시간도 없다. 계속 '콜(전화)'을 돌려야 하니까. 1분 1초가 두려운데, 하루에 6시간 반을 꽉 채워야 한다.

또 무슨 얘길 들을까 겁이 나 한동안은 전화를 걸었다가 몰래 끊기를 반복했다. 마치 열심히 전화를 하는데 고객들이 다 받지 않는 것처럼. 누구라도 말을 시키면 울음 폭포가 쏟아져버릴 것만 같았다. 전화를 돌리기 시작한 날부터 첫 주문 접수를 받기까지 5일간, 나는 수백 명의 남성 고객들에게 '퇴짜'를 맞았다.

"네네, 고객님. 다음에 전화 드릴게요. 감사합니다."

영선(가명) 언니가 한참 동안 한 고객과 통화하다가 가까스로 끊는다. 귀가 아팠는지 헤드셋까지 내려놨다.

"이 고객 정말 심심한가 봐. 수다가 장난이 아니다. 얘기 다 들어주면 가입할 것 같은데, 더는 못 들어주겠다."

상품을 팔기 위해서는 고객의 어떤 얘기라도 참을성 있게 듣고, 비위를 맞춰야 한다. 그러다보면 가입하는 고객이 하나둘 생긴다. 하지만 '나'를 버리고 철저히 물건을 파는 텔레마케터가 되기에는 나는 아직 너무 심약한가 보다.

실장이 모니터링, "필요 없다고 하면 다 끊을 거예요?"

우리를 관리하는 실장은 "텔레마케터의 실적은 결국 '콜 수'에 달려 있고 그 '콜 수'는 역시 집중력에서 나온다"고 목청을 높였다. 제한된 시간 동안 더 많은 전화를 돌릴수록, 주문이 성사될 가능성도 높다는 얘기다. 실장의 눈치를 보느라 두세 시간 정도 숨 쉴 틈

없이 전화를 돌리다보면, 마치 내가 기계가 된 것 같다.

같은 텔레마케터 사이에도 능력 차가 있다. 영선 언니는 우리 팀에서 가장 실적이 좋다. 30대 초반으로, 우리 팀에서 가장 나이가 많은데다 직장 경험이 꽤 있다. 침착하고 신중하게 고객과 대화를 나눈다. 그녀는 언제 전화를 끊을지, 아니면 '당겨야' 할지 잘 안다. 귀찮아하고 신경질적인 고객을 상대로 굳이 시간을 낭비하지 않는다.

반면 나보다 어린 철수(가명)는 대화의 '맥'을 영 모른다. 스크립트를 그냥 읽기 바쁘다. 상대방의 반응을 아랑곳하지 않고 제 말만 하기 바쁘다. 지하철역 임시 매장에서 지나가는 사람들을 상대로 인터넷 서비스 신청을 호객하던 버릇이 아직 남아 있다. 목소리도 투박하고 톤이 높아 듣는 사람까지 불안해진다. 실적이 나쁠 수밖에 없다.

우리끼리는 쉬는 시간에도 거의 이야기를 하지 않는다. 고객과 실랑이 하느라 지쳐 서로 말을 아낀다. 애연가인 철수와 순미(가명) 씨가 가끔 담배를 피우려고 함께 나가지만 말없이 연기만 뿜다 돌아온다. 내가 일한 기간 동안 서로 전화번호도 교환하지 않을 만큼 '동료 의식'이라곤 없었다. 퇴근 후에도 묵묵히 각자 흩어졌다. 일하면서 너무 감정을 소진한 탓인지, 다른 사람과 더 이상 얘기하고 싶은 마음이 생기지 않았다.

일하는 동안 사무실에서 가장 높은 실장이 우리를 계속 지켜본다. 한때 언론고시를 준비했다는 30대 중반의 이 남자는 우리가 고객과 어떻게 대화하는지 다 듣고 있다. 그는 내가 계속 '무료'만 강조하기 때문에 자꾸 실패하는 거라고 지적했다. 또 "바꿨다고요?", "그랬어요?" 등 '해요'체를 남발하는 철수의 말버릇을 바로잡아주었다. 실장과 우리는 인터넷에서 '친구' 사이이다. 입사하자마자 실장은 내게 메신저 아이디를 알려달라고 하더니, '친구 요청'을 했다. 그러고는 컴퓨터에 뜨는 대화창으로 지시를 내렸다.

"이봐요, 아가씨. 나 이런 거 필요 없거든."

협박성 말투로 대꾸하는 고객이 무서워 '알겠다'며 얼른 끊었을 때, 그는 모니터에 대고 짜증스럽게 말했다.

"끌어당겨야죠. 필요 없다고 하면 다 끊을 거예요? 보라 씨는 그게 약해요. 더 적극적으로 해보세요."

또 눈물이 핑 돌았다. 그는 고객이 어떤 반응을 보이건, 받아치라고 말한다. 설득하란다. 원하는 대로 대화를 이끌어나갈 수 있고 어떤 상황에서도 자연스럽게 대처할 수 있는 기지와 능력이 있다면 벌써 성공해서 다른 일을 하고 있지 않을까?

의사는 "말 많이 하지 말라"고 충고하고

4일째 되는 날, 철수가 오전 11시 넘어서야 출근했다. 감기 때문에 병원에 들렀다 오는 길이라고 했다. 목 상태가 좋지 않았다.

"의사가 저보고 목 많이 쓰는 직업이냐고 묻더니 당분간 말을 많이 하지 말래요."

전쟁에 나가는 병사에게 총알을 쓰지 말라고 하는 거나 마찬가지다. 철수는 갈라지는 목소리로 하루 종일 고객과 통화해야 한다. 컨디션이 좋지 않은 탓에 실적이 더욱 안 나왔다. 그날 실장은 그에게 연장근무를 요구했다.

들어온 지 일주일이 안 된 순미 씨도 감기에 걸렸다. 지난주에 하루 결근했지만 아직 낫지 않았다. 거칠어진 목소리를 억지로 가다듬으며 이리 저리 전화를 돌렸다. 계속 불발이다. 6시가 가까워오자 손놀림이 더욱 바빠진다.

"아픈 것도 계획 세워서 아프세요."

실장이 웃으며 말했다. 농담인 걸 알지만 어쩐지 가시가 있는 것 같다. 아파서 결근을 하는 경우 무급으로 처리되기 때문에 어지간히 아파서는 쉴 생각을 할 수 없다.

목을 많이 쓰는 우리는 물을 자주 마신다. 사무실 빈 책상 위에는 종이컵과 싸구려 녹차티백, 커피믹스가 쌓여 있다. 퇴근할 때쯤이면, 녹차와 커피가 눈에 띄게 줄어든다. 실장 책상 가까이에 있는 녹차를 매번 가져오기가 눈치 보여 두 번 이상 우려내 마시기도 한다. 싸구려 녹차 티백을 여러 번 우려마시면 쓴맛이 난다. '밥벌이'의 쓴 맛이 이런 걸까?

공기도 탁하다. 30여 평 남짓한 사무실에 우리 1팀 5명, 2팀 7명이 있고, 경리가 2명 있다. 10여 명이 쉴 새 없이 말을 한다. 긴 직사각형 모양의 사무실에 환풍기는 단 하나. 업무시간 동안 사무실 문은 굳게 닫혀 있다. 출근 첫날부터 목이 따끔거렸다.

유일한 화제는 '실적', 다들 떠나고 싶어 한다

"몇 건 했어요?"

우리의 최대 관심사는 '실적'이다. 점심시간이나 쉬는 시간이 시작되면 가뭄에 콩 나듯 나누는 대화가 다 '실적' 이야기다. 전 국민의 관심거리였던 천안함 이야기조차 한 일이 없다. 우리는 기본급 90만 원에 만근수당 10만 원까지 100만 원을 받는다. 목표 실적이 한 달 50건 계약인데, 이걸 못 올린다고 월급이 깎이는 것은 아니다. 목표 실적 50건에서 10건을 더 올릴 때마다 10만 원이 추가된다. 그런데 우리 중에 영선 언니만 빼고 나머지는 다 기본 목표를 채우지 못한다. 당연히 수입이 100만 원이 넘지 않는다.

인센티브를 받으려면 한 달 20일 내내 하루 평균 3건 이상 계약을 따내야 한다. 영선 언니만 이걸 해낸다. 에이스인 그녀도 기복이 있는 편이다. 최상의 컨디션을 한 달 내내 유지하기란 힘들다.

"컨디션이 날마다 좋은 게 아니잖아. 미치도록 안 되는 날도 많아."

30대 중반의 주승 씨(가명)는 경력을 인정받아 '건 당' 월급을 받는다. 기본급은 적용하지 않고 IPTV 한 건 유치할 때마다 2만 원을 받는다. 고객이 IPTV에 가입하면 약정 기간 3년 동안 회사가 벌어들이는 돈이 약 60만 원인데, TM에게 2만 원이 돌아가는 것이다.

"나 2주 동안 30만 원밖에 못 벌었다. 큰일이야."

주승 씨가 말했다. 자신이 있어 건 당 보수를 받기로 한 건데, 생각대로 잘 안 된다고 한다. 이 회사는 주승 씨가 다니던 곳에 비해 고객 가입 절차가 까다로운 편이다. 고지해야 할 정보도 많고, 지켜야 할 규칙도 많다. 실적 압박에 시달리는 주승 씨는 매일 점심으로 1,000원짜리 김밥 두 줄을 먹었다. 열 살도 더 어린 철수에게 몇 만원씩 꿔달라 아쉬운 소리도 했다. 며칠 뒤 그는 결국 그만뒀다.

처음 입사 면접을 볼 때 실장은 "열심히만 하면 월 250만 원에서 300만 원은 갖고 갈 수 있다"고 했다. 내가 학원 강사 경력이 있어 잘할 테니, 성과급 많이 가져갈 수 있을 거라는 얘기였다. 현실은 달랐다. 일을 시작하고 일주일 동안 나는 겨우 한 건 실적을 올렸을 뿐이다. 그것마저 하루 뒤에 취소됐다.

초보가 인센티브를 받기란 거의 불가능했다. 열심히 해도 쉽게 성과가 나오지 않았다. 한 달을 꽉 채워 일했다고 해도 50건 실적은 불가능했을 것이다. 보험업계의 경우 월 300만 원에서 500만 원을 보장한다는 광고를 내면서 텔레마케터를 모집하는 경우도 있는데, 어지간한 관록을 가진 사람이 아니면 100~120만 원 벌기도 벅찬 게 현실이다. 주 5일 근무, 시간도 일정하고, 고된 육체노동도 아니지만 사무실 사람 모두 '오래할 일'은 아니라고 말했다.

"솔직히 배울 게 없잖아."

영선 언니가 말했다. 회사가 집에서 가깝고 근무시간도 일정해서 양육비라도 벌어볼까 시작한 일이었지만, 수입이 적어 그만둘 생각이라고 했다.

경기도 한 전문대학을 휴학 중인 철수는 군 제대 후 등록금을 벌기 위해 일을 시작했다. 호텔 도어맨, 지하철 외판원을 거쳐 여기까지 왔지만, 지금은 친구 따라 골프장 캐디를 해볼까 생각하고 있다.

누구나 '할 수 없는' 감정노동

영선 언니나 철수, 주승, 순미 씨와 같은 사람들은 전국적으로 얼마나 되는 걸까? 전화로 판촉을 하는 텔레마케팅 회사나 고객의 불만 사항 등을 처리하는 콜센터는 1990년대 초반 우리나라에 등장하기 시작해서 1990년 후반 이후 급속히 확산됐다. 텔레마케팅 업체들을 대변하는 한국 컨텍센터협회에 따르면 지식경제부에 신고한 업체만 3만 5,000개에 이른다. 대략 60만, 80만 명의 상담원이 종사하고 있고 매출 규모는 11조원으로 추산된다.

지난 2008년 국가인권위원회가 내놓은 '텔레마케터 인권 상황 실태보고서'를 보면 신고를 하지 않고 영업하는 일시적인 텔레마케팅 업체까지 합할 경우 대략 100만 명에 가까운 노동자가 텔레마케팅과 관련된 업종에 종사하는 것으로 추정됐다. 이 보고서에 따르면 2008년 현재 텔레마케팅을 포함한 콜센터 업체 중 금융, 보험업이 47%로 가장 큰 비중을 차지하고, 통신, 유통서비스가 22%, 제조, 도소매업, 공공행정 등이 그 뒤를 잇는다.

텔레마케터라는 직업은 '누구나' 할 수 있는 일처럼 보인다. 특히 여성의 경우 성별,

학력, 결혼 등으로 진입 장벽이 높은 한국의 노동시장에서 그나마 환영받는 몇 안 되는 직종이라고 할 수 있다. 실제로 콜센터 노동자 중 여성비율이 90%가 넘는다. 근무시간이 일정하고 사무실에서 일하며 실적에 따라 인센티브도 받을 수 있다는 것이 유인 요소가 된다.

그러나 '상냥하고 친절한' 여성성을 이용해 이윤을 얻는 콜센터 산업에서 실제 노동자들은 엄청나게 고통스런 '감정노동'에 시달리고 있다. 인권위 보고서를 보면 조사 대상 텔레마케터 74%가 "감정노동으로 스트레스를 받고 있다"고 답했다. 또한 응답자의 37%는 "언어를 통한 성희롱을 당한 경험이 있다"고 답했다. 성희롱과 폭언으로 노동자는 큰 스트레스를 받고 감정이 소진되기도 한다. 이런 일이 반복되면 당사자의 삶에 심각한 장애를 일으킬 수 있다고 보고서는 지적하고 있다.

텔레마케터의 근무 여건은 전반적으로 열악하다. 상여금을 포함해 세전 월 평균 임금은 2007년 기준 134만 2,000원으로, 우리나라 전체 산업 평균(191만 3,000원)의 70%에 불과하다. 인권위의 면접 조사 결과 3~4개월 근속이 일반적이라는 답변이 나올 정도로 이직률이 높다. 간접고용인 위탁파견과 특수고용 종사자까지 포함하면 90%에 육박한다. 이들 대부분은 노동기본권을 보장받지 못한다.

지난 2001년 보험회사 텔레마케터를 중심으로 '전국텔레마케터 노조'를 설립하려는 움직임이 있었다. 노동자들은 위탁계약을 한 특수고용 형태지만 명백히 사용 종속 관계가 있다고 주장했다. 이에 반해 회사 측은 이들이 노동자성을 인정받지 못하는 보험설계사와 다를 바 없다고 주장했다. 노동부는 회사 손을 들어주었고, 노조 설립 기도는 무산됐다.

콜센터는 점점 늘어나고 있지만, 종사자들의 열악한 노동 현실에 대한 개선 움직임은 별로 없다. 앞의 보고서를 발표하면서 인권위는 여성 감정노동 대응 방안을 제시했다. 감정노동 대응 매뉴얼을 구축하고, 텔레마케터들이 심리적 안정을 취할 휴게시설 등을 마련할 것, 휴식 시간에 대한 구체적인 지침을 마련할 것을 제시했다. 하지만 아무런 구속력이 없었다.

남녀고용평등법에 '고객 등에 의한 성희롱을 방지하기 위한 사업주의예방 및 조치 의무'를 규정했지만 구체성도 없고 현실적인 구속력도 없었다. 인권위가 텔레마케터 실태 조사를 한 지 2년이 지났지만 감정노동에 대한 개념조차 정립된 것이 없고, 근로환경도 나아진 게 없다. 텔레마케터에 대한 정확한 통계조차 없는 상태다.

유럽연합(EU)의 경우 지난 2004년 통신 부문 노사가 콜센터 노사 선언을 공식 발표했다. 콜센터 종사자의 건강과 안전, 노동시간과 작업 부하, 임금 및 부가급여, 훈련 등에 대해 일종의 가이드라인을 제시하는 것이었다. 100만 명이나 되는 것으로 추정되는 우리나라 텔레마케터들도 저임금, 건강을 위협하는 작업환경, 그리고 감정적 학대에 방치되지 않도록 사회적 관심과 대책이 절실하다.

취·재·후·기

"저기요, 저도 이렇게 전화하는 거 괴롭거든요?"

천 명 넘는 남자와 통화, 남자친구조차 지겨웠다

내 평생 그렇게 많은 남자들과 통화하기는 처음이었다. 회사에서 여자 텔레마케터에겐 주로 젊은 남성 고객을 배당한다. 2주일간 일하면서 하루에 약 200통의 전화를 걸고 그중 절반 정도 통화가 됐으니 모두 1,000명 넘는 남성들과 얘기를 한 셈이다. 그러다보니 남자 목소리 자체가 지긋지긋해졌다. 심지어 남자친구와 통화하는 것까지도.

에잇. 그래도 좋게 생각하기로 했다. 내가 언제 이렇게 많은 남자들과 전화로 밀담을 나누겠는가. 마스크만 쓰면 초인적인 힘을 갖는 영화 〈마스크〉의 짐 캐리처럼 나도 헤드셋만 쓰면 상냥하고 싹싹한 텔레마케터가 되려고 애썼다.

하지만 애교도 없고, 좀처럼 빈말을 못하는 내 성격은 영업에 도움이 되지 않았다. 내 옆자리의 목소리 고운 동료는 "예쁜 IPTV 셋톱박스도 설치해드려요"라고 애교가 철철 넘치게 말하곤 했다. 하지만 고작해야 평범한 DVD 플레이어처럼 생겼을 뿐인 셋톱박스를 '예쁘다'고 말할 융통성이 내겐 없었다. 좀처럼 주문을 못 받아낸 건 당연한 일인지도 몰랐다.

사지 않으려면 따뜻하게 거절하기

"너 때문에 난 기뻐서 울었고 슬퍼서 울었어~~."

원더걸스의 〈2 Different Tears〉는 사랑하는 남자 때문에 슬퍼하고 기뻐했다는 노래다. 나는 얼굴도 모르는 남자들 때문에 울고 웃었다. 야단치고 화내는 고객들 때문에 서러워서 눈물이 났고, 가뭄에 콩 나듯 '좋은 상품 소개해줘 고맙다'는 말을 듣고 날아갈 듯한 기분이 되기도 했다. 물론 웃을 수 있었던 순간은 손가락으로 꼽을 정도. 대부분은 눈물이 왈칵 쏟아지거나 자기 비하에 빠지는 날들이었다. 전화를 그냥 끊어버리는 고객은 차라리 괜찮았다. 짜증을 내다 못해 험한 소리까지 해대는 고객들은 그렇게 야속할 수 없었다.

고객에게 서운하기만 한 것은 아니었다. 미안할 때도 많았다. 우리도 남들이 출근해서 일하기 시작하는 시간부터 전화를 돌린다. 하루 일을 시작하느라 한창 바쁠 때 판촉 전화를 받고 싶겠는가. 또 잠자는 사람을 깨웠을 땐 엎드려 사죄라도 하고 싶을 만큼 미안했다.

내가 텔레마케터로 일한다고 하자, 친구들은 '판촉 전화 받으면 어떻게 대처하는 게 판매원들 입장에서 나은지' 물었다. 어차피 물건을 안 살 것이라면 전화를 빨리 끊는 게 나은지 궁금하단다. 판촉 업체마다 업무를 평가하는 방식이 다르기 때문에 뭐가 정답이라고 하긴 어렵지만, 한 가지 친구들에게 당부했던 것은 제발 짜증이나 화를 내지는 말라는 것이다.

텔레마케터로 일하기 전, 나도 판촉 전화를 받고 짜증낸 경우가 없지 않았다. 사실 전화 자체보다 그때그때 내 기분에 따라 태도가 달랐던 것 같다. 회사에서는 '설령 고객이 화를 내더라도 나 때문에 화난 것이 아니라 고객이 처한 상황 때문이라고 생각해야 한다'고 가르치기도 했다. 하지만 아무리 그렇게 생각하려고 해도 고객의 거친 말 한마디는 깊은 상처가 된다.

전화 판촉 회사는 역동적인 노동 현장은 아니었다. 근육을 쓸 일도, 땀을 흘릴 일도 없었다. 대신 전화기 너머의 얼굴 없는 '고객'과 하루 종일 전쟁을 치르고, 하루에도 수십 번 마음에 칼질을 당하는 곳이었다. 하루 일을 끝내고 나면, 넋이 빠진 듯 기진맥진했다.

고등학교 때 하루 종일 모의고사를 풀고 난 후, 얼굴은 기름기로 번들거리고 눈은 퀭하니 들어갔던 것처럼.

실적이 나오지 않아 하루 종일 초조했던 날들이 새삼 떠오른다. 어떻게든 주문을 받아 보려고 입술을 깨물며 다이얼을 빨리 누르던 순미 언니도 생각난다. 실적이 곧 급여, 생활비, 삶의 수준과 연결되는 그들에게 고객의 거절은 '절망으로 가는 비상구'다. 더욱이 쌀쌀 맞고, 야박하고, 잔인한 거절이라면 더더욱. 어느 날은 화를 내는 고객에게 이렇게 소리치고 싶었다.

"저기요, 나도 이 시간에 이런 전화하는 거 괴롭고 싫거든요? 하지만 이게 내 직업인 걸 어떡해요!"

2주 동안의 텔레마케터 체험을 끝내고, 학교로 돌아왔을 땐 세상을 보는 눈이 달라져 있었다. 특히 판촉 전화를 받는 내 태도는 180도 바뀌었다.

"여보세요?"

"안녕하세요. 이보라 고객님이신가요?"

"아유. 힘드시겠네요. 근데 제가 버는 돈이 없어서 물건을 못 사요. 죄송해요."

이제는 어떤 전화가 와도, '따뜻한 거절'을 위해 노력한다. 그들의 영업에 보탬이 되지 못해 미안하지만, 고단한 그들의 삶에 어떻게든 위로의 한마디를 건네려 한다. 지금 이 순간 판촉 전화를 받는 수많은 고객들이 나와 같은 마음이었으면 좋겠다. 황량한 들판에서 거친 비바람을 맞는 것 같은 그들에게 최소한 비수를 던지지는 말았으면.

- 이보라

더 생각해 볼 문제

1. '동일가치 노동, 동일 임금'이라는 말의 뜻을 설명해 보자.

2. '복지를 늘리는 일'이 '정치적 포퓰리즘'이 될 때와 '안정적인 나라 발전을 위한 정책'이 될 때는 각각 어떤 때인지 자기 생각을 말해 보자.

3. 이 글에 따르면 우리나라 전체 비정규직 노동자는 828만 명에 이르며, 그 중에서도 장기간 '임시직, 일용직' 노동자로 일하는 경우가 490만 명, 즉 비정규직 전체의 60%에 달한다고 한다. 이러한 노동시장의 구조는 사회적으로 건강한 것인가?

4. 유아사 미코토는 '반(半) 빈곤층'의 문제를 해결하기 위해 '저수지'가 필요하다고 했다. 그 말의 뜻을 설명해 보자.

5. 열심히 일하지만 가난을 벗어날 수 없는 '워킹 푸어(Working Poor)'의 현실을 해결하기 위한 방법에는 무엇이 있을까? 자신의 생각을 말해 보자.

6. '감정노동'의 고통은 어디서 오는가?

7. '감정노동자'를 위한 '제도적 차원'의 대책과 '개인 소비자 차원'의 대책에 대한 생각을 정리해 보고 함께 토론해 보자.

4. 자본주의, 시장지상주의의 맨 얼굴

마이클 샌델, 『돈으로 살 수 없는 것들』,

와이즈베리, 2012.

『돈으로 살 수 없는 것들』은 『정의란 무엇인가』를 쓴 마이클 샌델의 책이다. 제목 그대로 이 책은 인간이 돈으로 살 수 없는 것들, 돈으로 거래해서는 안 되는 것들에 대한 이야기를 다루고 있다. 즉 '시장과 도덕의 관계'에 대한 근본적이고 철학적인 문제제기를 하고 있는 것이다.

과연 지금 이 시대는 돈으로 모든 것을 살 수 있는 자본 만능의 시대, 시장 논리 우선의 시대이다. 이 때 시장 논리란 간단히 말해 '사고판다는 논리'이다. 이 책은 시장 논리가 삶 전체를 지배하게 된 지금 시대의 일상적인 문제들을 날카롭게 지적하면서, 시장의 역할과 영향력에 대해 반성적 사고를 해야 할 것을 촉구한다. 과연 모든 것을 사고 팔 수 있는 사회의 문제점은 무엇일까. 사회의 모든 영역이 시장 논리로 지배되는 것이 왜 문제일까. 이런 의문을 가지면서 다음 글을 읽어보자.

저자 소개

마이클 샌델(1953~)

학자, 교수, 저술가. 27세에 최연소 하버드대 교수가 된 후 35년째 정치철학을 가르치고 있다. 온라인 수강이 가능한 '정의(Justice)'라는 제목의 강의는 1만 명이 넘는 수강생을 기록해 하버드 역사상 가장 많은 학생이 들은 강의로 꼽히고 있다. 존 롤스의 『정의론』을 정면 비판하며, 사회적 연대와 시민적 덕목 등 공동체주의를 강조하는 입장을 갖고 있다. 『정의란 무엇인가』, 『완벽에 대한 반론』, 『정치와 도덕을 말하다』 등의 저서가 있다.

서론- 시장과 도덕

세상에는 돈으로 살 수 없는 것들이 있다. 하지만 요즘에는 그리 많이 남아있지 않다. 모든 것이 거래 대상이 되고 있기 때문이다. 몇 가지 예를 들어보자.

교도소 감방 업그레이드 | 1박에 82달러

캘리포니아 주 산타아나 시를 포함한 일부 도시에서는 폭력범을 제외한 교도소 수감자들이 추가 비용을 지불하면 깨끗하고 조용하면서, 다른 죄수들과 동떨어진 개인 감방으로 옮길 수 있다.

나 홀로 운전자가 카풀차로 이용하기 | 러시아워에는 8달러

미니애폴리스를 포함한 일부 도시는 교통체증을 완화하기 위한 노력의 일환으로 나 홀로 운전자에게 돈을 내고 카풀차로를 이용하도록 허용한다. 요금은 교통량에 따라 다르다.

인도인 여성의 대리모 서비스 | 6,250달러

인도에서 대리모를 구하는 서구 부부들이 점차 늘어나고 있다. 인도는 대리모 임신이 합법인 데다가 비용도 미국의 3분의 1 이하이기 때문이다.

미국으로 이민하는 권리 | 50만 달러

실업률이 높은 지역에 50만 달러를 투자해서 최소한 열 군데의 일자리를 만드는 외국인은 미국 영주권을 받을 수 있다.

멸종 위기에 놓인 검은코뿔소를 사냥할 권리 | 15만 달러

남아프리카공화국에서는 멸종 위기에 놓인 동물을 사육하고 보호하도록 하기 위해, 사냥꾼들에게 제한된 수의 코뿔소를 사냥할 권리를 팔 수 있게 허용하기 시

작했다. (이렇게 하면 목장주들이 검은코뿔소의 공급을 늘리려고 노력할 것이고 불법 사냥도 막을 수 있을 것이라고 판단한 것이다 – 옮긴이)

의사의 휴대전화 번호 | 연간 1,500달러 이상

점차 많아지는 '전담 진료' 의사들은 1,500달러에서 2만 5천 달러까지 연회비를 기꺼이 지불하는 환자들에게 자신의 휴대전화 번호를 알려주고 전화한 당일 진료를 받을 수 있는 서비스를 제공한다.

대기에 탄소를 배출할 권리 | 1톤에 13유로

유럽연합은 탄소배출 시장을 운영해서 기업들이 탄소배출권을 사고 팔 수 있게 한다.

자녀의 명문대 입학허가 | 가격미정

가격이 정해져 있지는 않지만 일부 명문대 관계자가 『월스트리트저널』에 밝힌 사실에 따르면, 학생이 자격미달이어도 부모가 부유해서 상당한 금액을 대학에 기부한다면 입학을 허락한다고 한다.

누구나 이러한 것들을 살 수 있는 경제적 여유가 있는 것은 아니다. 하지만 요즈음은 돈을 벌 수 있는 새로운 방법이 많다. 돈을 좀 벌어야겠다면 여기 몇 가지 가능성이 있다.

이마나 신체 일부를 임대하여 상업용 광고를 게재하라 | 777달러

에어뉴질랜드(Air New Zealand)는 30명을 고용해 머리를 밀게 하고 "기분전환이 필요하세요? 뉴질랜드로 오세요."라는 광고문구를 뒤통수에 일회용 문신으로 새겨 넣었다.

제약회사의 약물 안전성 실험대상이 되라 | 7,500달러

제약회사의 약물 효과 실험이 피실험자의 신체와 생활에 미치는 영향과 불편 정도에 따라 보수는 늘어날 수도, 줄어들 수도 있다.

민간 군사기업에 고용되어 소말리아나 아프가니스탄 전투에 참가하라 | 매달 250달러에서 매일 1천 달러까지

자질과 경험, 국적에 따라 보수가 다르다.

의회 공청회를 참관하려는 로비스트를 대신해 국회의사당 앞에서 밤새 줄을 서고 좌석을 확보하라 | 시간당 15~20달러

로비스트들은 노숙자 등을 고용하여 대리 줄서기 서비스를 제공하는 회사에 비용을 지불한다.

학력이 부진한 댈러스 소재 학교에 다니는 2학년 학생이라면, 책을 읽어라 | 2달러

댈러스 소재 학교들은 독서를 권장하기 위해 책을 한 권 읽을 때마다 학생들에게 돈을 지급한다.

비만이라면, 4개월 안에 체중 6킬로그램 감량하라 | 378달러

기업과 건강보험회사는 체중 감량이나 건강에 좋은 활동을 장려하기 위해 금전적 보상을 한다.

아프거나 나이 든 사람이 가지고 있는 생명보험 증권을 사서, 피보험자가 살아 있는 동안 보험료를 불입하고 그들이 사망하면 사망보험금을 수령하라 | 보험 종류에 따라 수백만 달러에 이를 수도 있다.

얼굴도 모르는 사람의 생명을 상대로 벌이는 이런 형태의 돈벌이가 300억 달러짜리 산업이 되어가고 있다. 피보험자가 일찍 사망할수록 투자자의 수익은 올라간다.

우리는 거의 무엇이든 사고팔 수 있는 시대에 살고 있다. 지난 30여 년을 거치면서 시장 및 시장가치가 유례없이 현대인의 삶을 지배하게 되었다. 그렇다고 우리가 이런 상황을 깊이 생각하고 선택한 것은 아니다. 그러한 상황은 거의 저절로 생겨난 것 같다.

냉전이 끝나면서 시장과 시장 중심의 사고방식은 무엇과도 견줄 수 없을 만큼 대단한 위세를 떨쳤고 또 그럴 만도 했다. 재화의 생산과 유통을 조직화하는 어떤 메커니즘도 시장만큼 성공적으로 풍요와 번영을 이끌어내지 못했기 때문이다. 하지만 자국 경제를 운영하기 위해 시장 메커니즘을 수용하는 국가가 전 세계적으로 늘어나면서 전에 없던 현상이 일어나고 있다. 시장가치가 사회생활에서 차지하는 역할이 더욱 커지고 있는 것이다. 경제학이 제왕의 지위를 차지하고 있다. 사고판다는 논리가 더 이상 물질적 재화에만 적용되지 않고 점차 현대인의 삶 전체를 지배하기 시작했다. 따라서 이제 우리는 과연 이렇게 살고 싶은지 자문해봐야 할 때다.

시장지상주의 시대

2008년 금융위기가 터지기 전까지 수년 동안은 시장에 관한 신념과 규제완화로 특징지을 수 있는 격렬한 시대, 즉 시장지상주의(Market Triumphalism)시대였다. 이 시대는 1980년대 초 로널드 레이건(Ronald Reagan)과 마거릿 대처(Margaret Thatcher)가 번영과 자유로 향하는 열쇠는 정부가 아닌 시장이 쥐고 있다는 신념을 선언하면서 시작했다. 그 후 이러한 신념은 빌 클린턴(Bill Clinton)과 토니 블레어(Tony Blair)의 시장 우호적 자유주의와 더불어 1990년대에도 유지되었다. 두 사람은 시장이 공익을 달성하는 주요 수단이라는 신념을 온건한 형태로 더욱 강화시켰다.

하지만 오늘날 이러한 신념은 의심의 화살을 맞고 있다. 시장지상주의 시대는 막을 내린 것이다. 금융위기가 발생하자, 시장이 과연 위험을 효율적으로 분산하는 능력을 가졌는가에 대해 의심받는 정도에 그치지 않았다. 시장이 도덕에서 분리되고 있다는 인식이 널리 퍼지면서 시장과 도덕을 다시 연결해야 한다는 목소리가 커졌다. 하지만 이러한 인식과 주장이 무슨 의미인지, 이에 관해 우리가 무엇을 해야 할지는 분명하지 않다.

어떤 사람들은 시장지상주의의 핵심에 담긴 도덕적 결점은 탐욕이고, 이 때문에 무책임하게 위험을 무릅쓰는 사태가 발생했다고 주장한다. 이러한 견해대로라면 해결책은 탐욕을 억제하고, 은행가와 월가의 중역들에게 더욱 품위있고 책임감 있게 행동하라고 촉구하고, 합리적인 규제안을 마련해 유사한 위기가 재발하지 않도록 예방하는 것이다.

하지만 이는 기껏해야 부분적인 진단에 불과하다. 금융위기가 발생하는 데 분명 탐욕이 큰 역할을 했지만 무언가 더욱 큰 원인이 도사리고 있다. 지난 30여 년 동안 발생한 가장 치명적인 변화는 탐욕의 증가가 아니었다. 그것은 바로 시장과 시장가치가 원래는 속하지 않았던 삶의 영역으로 팽창한 것이다.

이러한 상황에 맞서려면 우리는 탐욕을 비난하는 것 이상의 조치를 취해야 한다. 시장이 사회에서 행사하는 역할에 관해 다시 생각해봐야 하는 것이다. 시장의 본분을 유지하게 하는 것이 무엇을 의미하는지에 대한 공적 논의가 필요하다. 그러려면 시장이 지닌 도덕적 한계를 곰곰이 생각해볼 필요가 있다. 돈으로 사서는 안 되는 것이 있는지 질문을 던져야 한다.

전통적으로 비시장 규범이 지배하던 삶의 영역으로 시장과 시장 지향적 사고가 확산하는 현상은 현대에 발달된 가장 두드러진 모습 중 하나다.

영리를 추구하는 학교와 병원과 교도소가 늘어나고 전쟁을 민간군사기업에 위탁하는 현상이 확산되고 있는 현실을 생각해보라. 이라크와 아프가니스탄에서는 민간군사기업의 수가 미국 군대의 수를 앞질렀다.

민간경호업체가 늘어나면서 공공 경찰이 약화되는 현상을 생각해보라. 특히 미국과 영국에서는 사설 경호원의 수가 공공 경찰관의 두 배를 넘어섰다.

또는 제약회사가 (의사의 처방전이 필요한 약을) 부유한 국가의 소비자들에게 적극적으로 광고하는 현상을 생각해보라. 미국 저녁 뉴스 시간대에 나오는 텔레비전 광고를 보면 세계

최대의 건강 위기는 말라리아도 사상충증(강에 사는 일부 파리의 기생충을 통해 감염되어 실명할 수도 있는 열대 피부병 – 옮긴이)도 수면병도 아닌, 발기부전증의 만연이라는 생각이 든다.

상업적 광고가 공립학교로 확산되고 있는 현상도 생각해보자. 또한 공원이나 대중적 공간에 '이름을 붙이는 권리(명명권)'의 판매, 인공수정용 '맞춤' 난자와 정자의 마케팅, 개발도상국의 대리모를 통한 임신외주, 기업과 국가가 주도하는 공해배출권 거래, 선거권의 거래 허용이나 마찬가지인 선거자금법 등을 생각해보라.

건강 · 교육 · 공공안전 · 국가보안 · 사법체계 · 환경보호 · 스포츠와 여가활동 · 임신과 출산, 그 밖의 기타 사회적 재화에 시장논리가 개입하는 현상은 30년 전에는 대부분 들어본 적이 없는 것들이다. 하지만 오늘날 우리는 이러한 현상을 대부분 당연하게 받아들이고 있다.

거래 만능 시대

우리가 모든 것을 사고팔 수 있는 사회를 향해 나아가고 있다는 사실을 걱정하는 이유는 무엇일까?

두 가지 이유를 생각해볼 수 있다. 바로 불평등과 부패다. 우선 불평등에 관해 생각해보자. 모든 것이 거래 대상인 사회에서 생활하기란 재산이 넉넉하지 않은 사람에게는 더욱 힘들다. 따라서 돈으로 살 수 있는 대상이 많아질수록 우리가 부유한지 가난한지가 더욱 중요해진다.

부유함이 지닌 유일한 장점이, 요트나 스포츠카를 사고 환상적인 휴가를 즐길 수 있는 능력을 갖추는 것이라면 수입과 부의 불평등은 그다지 중요한 문제가 아닐 것이다. 하지만 정치적 영향력, 좋은 의학치료, 범죄의 온상이 아닌 안전한 이웃에 자리한 주택, 학력저하를 보이는 학교가 아닌 엘리트 학교 입학 등을 포함해서 돈으로 살 수 있는 대상이 점차 많아지면서 수입과 부의 분배가 점점 커다란 문제로 떠오르고 있다. 좋은 것이라면 무엇이든 사고파는 세상에서는 돈이 모든 차별의 근원이 되기 때문이다.

지난 수십 년이 빈곤 가정과 중상층 가정에 특히 가혹했던 것도 바로 이러한 이유 때문이다. 그동안 빈부 격차가 커졌을 뿐 아니라, 모든 것의 상품화로 인해 돈이 더욱 중요해지면서 불평등 때문에 발생하는 고통이 깊어지고 있다.

모든 것을 거래 대상으로 삼기를 주저해야 하는 두 번째 이유는 설명하기가 더욱 어렵다. 두 번째 이유는 불평등과 공정성이 아니라 시장의 부패 성향에 관한 것이다. 삶 속에 나타나는 좋은 것에 가격을 매기는 행위는 그것을 오염시킬 수 있다. 시장이 단순히 재화를 분배하는 역할에만 머물지 않고, 교환되는 재화에 대해 어떤 태도를 드러내면서 부추기기 때문이다. 아이들에게 돈을 주어 책을 읽게 하는 행위는, 아이들을 독서에 힘쓰게 만들지는 모르나 독서를 내재적 만족의 원천이 아니라 일종의 노동으로 여기도록 한다. 대학의 입학허가를 경매에 부쳐 최고 입찰자에게 파는 행위는 대학 재정에 보탬이 될지는 모르나 대학의 품위와 대학입학의 가치를 해칠 수 있다. 자국의 전쟁에 외국인 용병을 투입하는 행위는 자국민의 생명을 구할지는 모르나 시민정신의 의미를 퇴색시킨다.

경제학자들은 시장은 교환되는 재화에 영향을 미치지 못한다고 생각하는 경우가 많다. 하지만 이것은 사실이 아니다. 시장은 흔적을 남긴다. 때때로 시장가치는 우리가 관심을 기울여야 하는 비시장가치를 밀어내기도 한다. 물론 우리가 관심을 기울여야 하는 가치가 무엇인지, 어째서 관심을 기울여야 하는지에 관한 의견은 분분하다. 따라서 돈으로 살 수 있는 것과 살 수 없는 것이 무엇인지 결정하기 위해서는 사회적 삶과 시민생활을 구성하는 다양한 영역을 어떤 가치로 지배해야 하는지 판단해야 할 것이다. 이러한 문제를 사색할 방법을 제시하는 것이 바로 이 책의 주제다.

내가 제안하고 싶은 대답을 미리 정리하자면 이렇다. 특정 재화를 사고팔아도 무방하다고 결정할 때, 우리는 최소한 은연중이라도 그것을 상품으로, 즉 이윤을 추구하고 사용하기 위한 도구로서 다루는 것이 적절하다고 판단한 것이다. 하지만 이러한 방식으로 모든 재화의 가치를 적절하게 평가할 수는 없다. 가장 분명한 예로 인간을 들 수 있다. 노예제도는 인간을 경매에서 사고팔 수 있는 상품으로 다루었기 때문에 끔찍했다. 이는 적절한 방식으로 인간의 가치를 인정하지 않는 태도다. 다시 말해 인간을 존엄하고 존중

받을 가치가 있는 존재로 인정하지 않고 이익을 얻기 위한 도구와 사용 대상으로 여긴 것이다.

다른 귀중한 재화와 관행에 대해서도 마찬가지다. 아동을 시장에서 거래하는 행위는 허용되지 않는다. 설사 구매자가 아동을 학대하지 않더라도 아동시장은 아동의 가치를 올바르지 않게 평가하는 방식을 반영하고 그렇게 하도록 부추길 것이다. 아동은 사랑과 보살핌을 받을 존재이지, 소비 재화로 여겨지는 존재가 되어서는 안 된다. 시민의 권리와 의무에 관해 생각해보자. 배심원으로 요청을 받았다면 다른 사람을 고용해서 자기 대신 법원에 보내지는 않는다. 또한 간절하게 사고 싶어 하는 사람이 있다 하더라도 시민이 선거권을 파는 행위는 용납되지 않는다. 왜 그럴까? 시민의 의무는 개인 재산이 아니라 공공 책임으로 보아야 하기 때문이다. 시민의 권리를 타인에게 위탁하는 것은 그 품위를 손상시키고 잘못된 방식으로 가치를 평가하는 행위다.

이러한 사례는 좀 더 폭넓은 관점을 설명한다. 삶 속에 나타나는 좋은 것은 상품화하면 변질되거나 저평가된다. 시장에 속한 영역이 무엇인지, 시장과 거리를 두어야 할 영역이 무엇인지 판단하려면, 해당 재화, 즉 건강·교육·가정생활·자연·예술·시민의 의무와 같은 재화의 가치를 평가하는 방법을 결정해야 한다. 이는 단순히 경제적인 문제에 그치지 않고 도덕적이면서 정치적인 문제다. 이 문제를 해결하려면 사례별로 이러한 재화의 도덕적 의미와 재화 가치의 적절한 평가방법에 관해 토론을 벌여야 한다.

시장지상주의 시대에는 이러한 토론이 이루어지지 않았다. 그 결과, 이러한 문제를 제대로 인식하지 못하는 사이에, 그렇게 하겠다고 결정하지도 않은 채, 우리는 '시장경제를 가진(having a market economy)' 시대에서 '시장사회를 이룬(being a market society)' 시대로 휩쓸려왔다.

두 개념의 차이는 이렇다. 시장경제는 생산활동을 조직하는 소중하고 효과적인 도구다. 이에 반해서 시장사회는 시장가치가 인간 활동의 모든 영역에 스며들어간 일종의 생활방식이다. 시장사회에서는 시장의 이미지에 따라 사회관계가 형성된다.

현대 정치학이 놓치고 있는 가장 큰 문제는 시장의 역할과 그 영향력의 범위에 관한 논의다. 우리는 시장경제를 원하는가 아니면 시장사회를 원하는가? 공공생활과 개인 관계에서 시장은 어떤 역할을 맡아야 할까? 어떤 재화를 사고팔아야 할지, 어떤 재화가 비시장가치의 지배를 받아야 할지는 어떻게 판단할 수 있을까? 돈의 논리가 작용하지 말아야 하는 영역은 무엇일까?

이것이 이 책에서 다루고자 하는 문제들이다. 이러한 질문들은 올바른 사회와 올바른 삶에 대해 이론의 여지가 있는 의견들을 다루고 있으므로 이 책에서 결정적인 해답을 제시하겠다고 약속할 수는 없다. 하지만 최소한 이 책이 이러한 질문에 대한 공적 토론의 장을 마련하고 그에 대해 숙고할 철학적 틀을 제공하기를 바란다.

1장 새치기

줄서서 기다리는 것을 좋아하는 사람은 없다. 그래서 이따금 돈을 지불하고 새치기를 하기도 한다. 멋진 음식점에서 지배인에게 팁을 두둑하게 쥐어주면 손님이 많은 저녁 시간이라도 대기 시간을 줄일 수 있다는 것은 오래 전부터 잘 알려진 사실이다. 이러한 팁은 뇌물에 가까워서 은밀하게 다뤄진다. 50달러짜리 지폐를 찔러주는 사람에게 바로 테이블을 내어준다는 표지판은 음식점 어디에도 걸려 있지 않다. 하지만 최근 들어 새치기 권리를 파는 행위가 공공연히 이루어져 낯설지 않은 관행이 되고 있다.

우선 탑승권

공항 보안검색대를 통과하기 위해 길게 줄을 서는 것은 여행을 할 때 치러야 하는 고역이다. 하지만 모든 승객이 뱀처럼 기다랗게 줄을 서서 기다려야 하는 것은 아니다. 일등석이나 비즈니스석 항공권을 구매한 승객은 줄의 맨 앞으로 나가 전용 카운터에서 심사를 받을 수 있다. 영국 항공은 비싼 항공료를 지불하는 승객들이 여권과 입국 심사를 통과하기 위해 줄을 설 필요가 없는 '패스트 트랙(Fast Track)' 서비스를 실시한다.

하지만 일등석을 이용할 만한 경제적 여유가 없는 승객이 대부분이므로, 항공사는 일반석 승객도 '맞춤 특권' 서비스를 구매해서 새치기 자격을 누릴 수 있게 했다. 유나이티드 항공은 덴버를 출발해 보스턴으로 가는 승객이 39달러를 추가로 지불하면 보안검색대 통과와 탑승에 우선권을 부여한다.

비판자들은 공항 보안검색대를 우선적으로 통과하는 권리가 매매 대상이 되어서는 안 된다고 주장한다. 엑스트라 레그룸(extra legroom, 일반석 중 다리를 뻗을 수 있는 공간이 충분한 좌석)이나 우선 탑승권같은 서비스와 달리, 보안검색은 국가 안보의 문제이기 때문에 테러리스트들의 탑승을 막는 데 따르는 부담을 승객 모두가 똑같이 나누어 져야 한다는 것이다. 항공사는 모든 사람이 동일한 수준의 보안검사를 받지만 단지 비용에 따라 기다리는 시간이 다를 뿐이라고 대답한다. 그래서 모든 승객이 동일하게 몸수색을 받는 한, 보안검색대에서 새치기할 권리는 항공사가 자유롭게 팔 수 있어야 한다고 주장한다.

놀이공원도 새치기 권리를 팔기 시작했다. 일반적으로 방문객은 인기있는 놀이기구를 타거나 볼거리를 즐기려면 몇 시간씩 줄을 서서 기다리기도 한다. 하지만 요즘 '유니버설 스튜디오 할리우드'를 비롯한 많은 놀이공원은 줄을 서지 않을 수 있는 방법을 마련하고 있다. 일반 입장료의 두 배 가량을 내고 줄의 맨 앞으로 갈 수 있는 허가증을 파는 것이다. '미라의 복수'에 앞질러 올라타서 짜릿한 흥분을 맛볼 때 느끼는 도덕적 부담감은 공항 보안검색대를 신속하게 통과할 때보다 적을지 모른다. 하지만 이를 본 사람들은 이러한 행위에 대해 한탄하며 건전한 시민 습관이 변질되었다고 생각한다. 한 논객은 이렇게 말한다. "예전에는 테마파크로 놀러온 가족들이 민주적 방식으로 줄을 서서 차례를 기다렸다. 이제 놀이공원에서의 줄서기가 위대한 상징이었던 시대는 지났다."

흥미롭게도 놀이공원은 자신들이 파는 특별한 권리를 숨길 때가 많다. 일부 공원은 일반 고객의 기분을 상하게 하지 않으려고 단골 고객을 뒷문이나 전용문으로 안내한다. 어떤 공원은 VIP고객이 새치기할 때 길을 터주기 위해 에스코트 서비스를 제공한다. 놀이공원이 이렇게 신중하게 행동하는 이유는, 공정함이란 줄을 서서 차례를 기다리는 것이라는 불편한 진실을 거스르기 때문이다.

하지만 유니버설 스튜디오 할리우드의 온라인 입장권 구매사이트에서는 이렇듯 신중한 태도를 찾아볼 수 없다. 구매사이트를 들어가보면 '줄의 맨 앞으로 가는 허가증(Front pf Line Pass)'을 149달러에 구매하라고 줄기차게 권한다. "모든 놀이기구, 쇼, 볼거리를 줄의 맨 앞에서 즐기세요!"

대리 줄서기 사업

새치기 권리를 살 수 없는 곳이라도 때로 사람을 고용해서 대신 줄을 서게 할 수 있다. 여름마다 뉴욕 시의 퍼블릭시어터(Public Theater)는 센트럴파크에서 셰익스피어 무료 야외

공연을 연다. 오후 1시부터 배포하는 저녁 공연 입장권을 받기 위해 사람들은 몇 시간 전부터 줄을 서기 시작한다. 2010년 〈베니스의 상인〉에서 알파치노가 샤일록으로 출연했을 당시 입장권 수요는 특히 엄청났다.

많은 뉴요커들은 연극을 보고 싶었으나 줄을 설 시간이 없었다. 〈뉴욕데일리뉴스〉가 보도한 대로 이런 곤란한 상황에서 작은 사업거리가 새로 등장했다. 편리를 얻는 대가로 기꺼이 비용을 지불할 의사가 있는 사람을 위해 대신 줄을 서고 입장권을 받아주는 사업이었다. 대리로 줄서는 사람을 가리키는 라인스탠더(line standers)들은 온라인 벼룩시장 사이트와 기타 웹사이트에 자신들의 서비스를 광고했다. 그들은 줄을 서서 기다리는 수고를 견뎌내는 대가로 무료공연 입장권에 한 장당 125달러의 수고비를 청구했다.

극장 측은 "공원에서 이루어지는 줄서기 대리 행위는 셰익스피어 정신에 어긋난다."라고 주장하면서 라인스탠더들의 영업을 막기 위해 노력했다. 국가 보조금을 받는 비영리 사업체인 퍼블릭시어터의 사명은 모든 계층의 시민들이 훌륭한 극장시설을 이용할 수 있게 하는 것이다. 당시 뉴욕 검찰총장이었던 앤드루 쿠모는 대리 줄서기로 입장권을 구해준다는 광고를 중단하게 만들었다. 그는 이렇게 강조했다. "무료여야 하는 입장권을 판매하는 행위는 기관이 납세자의 후원을 받아 제공하는 혜택을 누릴 뉴요커의 권리를 침해한다."

대리로 줄을 서고 돈을 벌 수 있는 곳은 센트럴파크만이 아니다. 대리 줄서기 회사들은 악천후를 무릅쓰며 줄을 서줄 퇴직자나 퀵서비스 배달원을 고용하고, 요즘에는 노숙자도 점점 더 많이 모집하고 있다.

대리 줄서기 기업인 라인스탠딩닷컴(Linestanding.com)은 스스로를 '의회 대리 줄서기 사업의 리더'로 부른다. 매캐스킬 상원의원이 대리 줄서기 관행을 금지하는 법안을 제출하자, 라인스탠딩닷컴의 소유주 마크 그로스는 이에 반대하고 나섰다. 그는 대리 줄서기를 헨리 포드의 조립라인에서 이루어지는 분업에 비유하면서 "줄을 서는 각 일꾼도 자신이 맡은 특정 임무에 책임을 진다."라고 말했다. 로비스트들이 공청회에 참석해서 "모든 증언을 분석하는 데" 능숙하고, 상원의원과 하원의원이 "현명한 결정을 내리는 데" 정통하듯, 라인스탠더들은 기다리는 데 실력을 발휘한다는 것이다. 그로스는 "분업이 미국을 일하기 좋은 곳으로 만들었다. 대리 줄서기가 이상한 관행처럼 여겨질 수 있겠지만 궁극적으로는 자유시장 경제체제에서 가능한 하나의 정직한 직업이다."라고 주장했다.

진료 예약권 암거래

돈을 받고 대리로 줄서는 관행은 미국에만 있는 것은 아니다. 나는 최근 중국을 방문하는 동안 베이징 소재 일류 병원에서 대리 줄서기 사업이 일상화되고 있는 현장을 목격했다. 중국에서는 지난 20여 년 동안 진행된 시장 개혁의 결과, 지방 공립병원과 진료소에 대한 자금 지원이 삭감되었다. 따라서 지방에 있는 환자들은 수도에 있는 주요 공립병원까지 와서 접수창구 앞에 길게 줄을 서있어야 한다. 그들은 의사와 진료 예약을 하기 위해 밤새, 때로는 며칠 동안 줄을 선다.

진료 예약권은 14위안(약 2달러)으로 저렴하지만 손에 넣기가 쉽지 않다. 그래서 의사의 진료를 급하게 받아야 하는 일부 환자들은 며칠씩 줄을 서는 대신 암표상에게 예약권을 산다. 암표상은 수요와 공급 사이에 크게 벌어진 틈을 이용해 돈을 번다. 그들은 사람을 고용해 줄을 세워 예약권을 받고 이를 수백 달러에 판다. 이는 일반 농부가 몇 개월 동안 일해서 버는 수입보다 많은 금액이다. 일류 전문의의 진료 예약권은 특히 귀해서 마치 월드시리즈의 박스석이라도 되는 것처럼 암표상에게 빠르게 팔린다. 〈LA타임스〉는 베이징 병원의 등록창구 밖에서 벌어지는 진료권 매매 장면을 이렇게 묘사했다. "닥터 탕, 닥터 탕, 닥터 탕의 진료 예약권 사세요! 관절염과 면역 전공의입니다!"

진료 예약권의 암표 판매에는 불쾌한 구석이 있다. 우선 이러한 관행으로 보상을 받는 사람은 진료 제공자가 아니라 고약한 중개인이라는 점이다. 관절염 환자의 진료 예약권이 100달러라면, '닥터 탕'은 예약권 판매금의 대부분이 자신이나 병원이 아닌 암표상에게 돌아가는 이유를 물어야 한다. 경제학자라면 이 점에 동의하고 병원에 진료비를 인상하라고 조언할지 모른다. 실제로 베이징 소재 병원들은 진료비용이 좀 더 비싸면서 줄이 훨씬 짧은 특별진료 예약창구를 설치하고 있다. 이 값비싼 특별진료 예약창구는 놀이공원이나 공항의 우선탑승권처럼 새치기 권리를 돈 주고 사는 관행을 병원에 도입한 것이다.

하지만 암표상이든 병원이든 과잉 수요로 인한 혜택을 누가 누리든간에, 의사의 진료를 우선적으로 받을 수 있는 권리에는 좀더 기본적인 의문이 따른다. 환자들은 단지 추가비용을 지불했다는 이유로 진료 예약의 순서를 새치기할 수 있을까? 베이징 소재 병원들의 특별진료 예약창구와 암표 거래는 이러한 질문을 생생하게 제기하는 사례이다.

전담 의사 제도

미국 병원에는 암표상이 들끓지는 않지만 진료를 받으려고 오래 기다려야 하는 경우가 자주 발생한다. 의사를 만나려면 몇 주 전, 때로는 몇 달 전에 예약을 해야 한다. 예약시간에 도착해도 의사와 고작 10~15분 정도 만나기 위해 대기실에서 무작정 기다려야 할 수도 있다. 따라서 일반 진료기관의 의사들이 경제적으로 여유있게 생활하려면 등록된 환자를 3천 명 이상 보유해야 하고 하루에 25~30명의 환자를 진료해야 한다.

많은 환자와 의사는 이렇듯 의사가 환자에 대해 문진하거나 환자의 질문에 대답해줄 시간이 넉넉하지 않은 의료체계에 좌절감을 느낀다. 그래서 미국에서는 '전담 진료'처럼 환자에게 관심을 더욱 기울일 수 있는 진료 서비스를 제공하는 의사가 점차 늘어나고 있다. 별 다섯짜리 호텔 지배인처럼 전담 의사는 24시간 내내 의료 서비스를 제공한다. 연회비 1,500~2만 5천 달러를 지불하는 환자는 전화한 당일이나 다음날 틀림없이 진료를 받을 수 있고, 의사를 만나기 위해 기다릴 필요도 없고, 느긋하게 건강 상담을 받을 수 있으며, 이메일이나 휴대전화로 24시간 내내 언제나 의사와 대화를 할 수 있다. 특정 분과의 일류 전문의를 만나야 하는 경우에도 전담의사가 주선해준다.

이렇게 친절한 진료 서비스를 제공하기 위해서 전담 의사는 자신의 진료 환자 수를 대폭 줄인다. 전담 진료로 전환하겠다고 결정한 의사들은 기존 환자들에게 편지를 보내 선택을 하라고 말한다. 기다릴 필요 없이 진료를 받을 수 있는 새로운 서비스에 연회비를 지불하고 신청하든지 다른 의사를 물색하라고 말이다.

문제는 소수를 위한 전담 진료가 결국 경제적 여유가 없는 다른 환자들을 일반 의사의 붐비는 진료실로 밀어넣고 있다는 점이다. 따라서 전담 진료 서비스는 우선 탑승권 사례와 마찬가지로, 줄이 천천히 움직이는 곳에 힘없이 남아있는 사람들에게는 불공평하다는 반대에 부딪힌다.

미국 병원의 전담 진료와 베이징 병원의 예약권 암표 판매 시스템에는 공통점이 있다. 둘 다 부유한 사람에게는 새치기를 허용해서 의료 서비스를 받을 수 있게 해준다는 점이다. 새치기는 베이징에서 더욱 뻔뻔하게 이루어진다. 사람들로 붐벼서 시끌벅적한 병원 접수창구와 손도 대지 않는 스펀지케이크가 있는 조용한 대기실 사이에는 상당한 차이가 있어 보인다. 하지만 차이가 발생하는 유일한 이유는, 전담 진료를 받는 환자들이 약속시간에 나타났을 때는 연회비를 납부함으로써 눈에 보이지 않는 줄서기가 이미 끝난 후이기 때문이다.

새치기의 시장논리

지금까지 살펴본 사례는 시대를 반영하는 징후다. 공항과 놀이공원, 의회 복도와 병원 대기실에서 '선착순'이라는 줄서기 윤리가 '돈을 낸 만큼 획득한다'는 시장 윤리로 대체되고 있다. 또한 이러한 변화는 한때 비시장 규범이 지배했던 삶의 영역에 돈과 시장의 영향력이 커지고 있다는 것을 의미한다.

새치기 권리의 매매가 이러한 경향을 나타내는 가장 지독한 사례는 아니다. 하지만 대리 줄서기, 암표 거래, 그리고 여러 새치기 형태들에 대해 옳고 그름을 곰곰이 생각해보면 시장논리의 도덕적 영향과 한계를 살펴보기에 유익할 것이다.

어떤 행위는 불쾌하게 여겨지지 않는데, 돈을 지불하고 얻는 새치기 원리, 대리 줄서기, 암표 거래와 같은 사례는 불쾌하게 여겨지는 이유가 무엇일까? 시장적 가치는 어떤 재화는 손상시키기도 하지만 어떤 재화에는 적합하기도 하기 때문이다. 특정 재화를 시장논리로 분배할지 줄서기로 분배할지 아니면 다른 방식으로 분배할지 결정하기 전에, 우리는 그것이 어떤 종류의 재화인지, 어떻게 가치를 매길 것인지 결정해야 한다.

더 생각해 볼 문제

1. 저자는 '돈을 주면 무엇이든 사고 팔 수 있다'는 시장지상주의의 문제를 두 가지로 정리하고 있다. 그것이 무엇인지 찾아 대답해 보자.

2. '삶 속에 나타나는 좋은 것을 상품화하면 변질되거나 저평가된다'는 말의 뜻을 자기가 경험한 사례를 들어 설명해 보자.

3. '시장경제를 가진 시대'와 '시장사회를 이룬 시대'의 차이에 대한 설명을 찾아 정리해 보자.

4. 모든 것을 사고 팔 수 있는 시대의 장점과 단점에 대한 자신의 생각을 말해 보자.

5. 인간의 존엄성과 도덕성도 경제 가치로 환산할 수 있는지 각자의 생각을 토론해 보자.

6. 우리 사회는 인간의 존엄성을 존중하는 사회인지, 인간을 이익을 위한 도구로 생각하는 사회인지 자신의 의견을 말해 보자.

부록

토론 준비 양식

토론 준비 양식

<table>
<tr><td colspan="2">학과:　　　　학년:　　　　학번:　　　　　성명:　　　　제출일:</td></tr>
<tr><td colspan="2">토론주제:</td></tr>
<tr><td>핵심 주장</td><td></td></tr>
<tr><td colspan="2">주장의 근거</td></tr>
<tr><td colspan="2">①</td></tr>
<tr><td colspan="2">②</td></tr>
<tr><td colspan="2">③</td></tr>
<tr><td colspan="2">④</td></tr>
<tr><td colspan="2">⑤</td></tr>
<tr><td>예상 질문 및 예상되는 반론</td><td>답변 준비</td></tr>
<tr><td>①</td><td>①</td></tr>
<tr><td>②</td><td>②</td></tr>
<tr><td>③</td><td>③</td></tr>
<tr><td>④</td><td>④</td></tr>
<tr><td>⑤</td><td>⑤</td></tr>
<tr><td>최종 결론
및
생각할 문제</td><td></td></tr>
</table>

토론 준비 양식

<table>
<tr><td colspan="2">학과:　　　　학년:　　　　학번:　　　　　　성명:　　　　제출일:</td></tr>
<tr><td colspan="2">토론주제:</td></tr>
<tr><td colspan="2">핵심 주장</td></tr>
<tr><td colspan="2">주장의 근거</td></tr>
<tr><td colspan="2">①</td></tr>
<tr><td colspan="2">②</td></tr>
<tr><td colspan="2">③</td></tr>
<tr><td colspan="2">④</td></tr>
<tr><td colspan="2">⑤</td></tr>
<tr><td>예상 질문 및 예상되는 반론</td><td>답변 준비</td></tr>
<tr><td>①</td><td>①</td></tr>
<tr><td>②</td><td>②</td></tr>
<tr><td>③</td><td>③</td></tr>
<tr><td>④</td><td>④</td></tr>
<tr><td>⑤</td><td>⑤</td></tr>
<tr><td>최종 결론
및
생각할 문제</td><td></td></tr>
</table>

토론 준비 양식

학과:	학년:	학번:	성명:	제출일:
토론주제:				

핵심 주장	

주장의 근거
①
②
③
④
⑤

예상 질문 및 예상되는 반론	답변 준비
①	①
②	②
③	③
④	④
⑤	⑤

최종 결론 및 생각할 문제	

토론 준비 양식

학과:　　　학년:　　　학번:　　　성명:　　　제출일:

토론주제:

핵심 주장	

주장의 근거
①
②
③
④
⑤

예상 질문 및 예상되는 반론	답변 준비
①	①
②	②
③	③
④	④
⑤	⑤

최종 결론 및 생각할 문제	

토론 준비 양식

<table>
<tr><td colspan="2">학과: 학년: 학번: 성명: 제출일:</td></tr>
<tr><td colspan="2">토론주제:</td></tr>
<tr><td>핵심 주장</td><td></td></tr>
<tr><td colspan="2">주장의 근거</td></tr>
<tr><td colspan="2">①</td></tr>
<tr><td colspan="2">②</td></tr>
<tr><td colspan="2">③</td></tr>
<tr><td colspan="2">④</td></tr>
<tr><td colspan="2">⑤</td></tr>
<tr><td>예상 질문 및 예상되는 반론</td><td>답변 준비</td></tr>
<tr><td>①</td><td>①</td></tr>
<tr><td>②</td><td>②</td></tr>
<tr><td>③</td><td>③</td></tr>
<tr><td>④</td><td>④</td></tr>
<tr><td>⑤</td><td>⑤</td></tr>
<tr><td>최종 결론
및
생각할 문제</td><td></td></tr>
</table>

토론 준비 양식

<table>
<tr><td colspan="2">학과: 학년: 학번: 성명: 제출일:</td></tr>
<tr><td colspan="2">토론주제:</td></tr>
<tr><td>핵심 주장</td><td></td></tr>
<tr><td colspan="2">주장의 근거</td></tr>
<tr><td colspan="2">①</td></tr>
<tr><td colspan="2">②</td></tr>
<tr><td colspan="2">③</td></tr>
<tr><td colspan="2">④</td></tr>
<tr><td colspan="2">⑤</td></tr>
<tr><td>예상 질문 및 예상되는 반론</td><td>답변 준비</td></tr>
<tr><td>①</td><td>①</td></tr>
<tr><td>②</td><td>②</td></tr>
<tr><td>③</td><td>③</td></tr>
<tr><td>④</td><td>④</td></tr>
<tr><td>⑤</td><td>⑤</td></tr>
<tr><td>최종 결론
및
생각할 문제</td><td></td></tr>
</table>

토론 준비 양식

<table>
<tr><td colspan="2">학과:　　　　　학년:　　　　　학번:　　　　　　　성명:　　　　　　제출일:</td></tr>
<tr><td colspan="2">토론주제:</td></tr>
<tr><td>핵심 주장</td><td></td></tr>
<tr><td colspan="2">주장의 근거</td></tr>
<tr><td colspan="2">①</td></tr>
<tr><td colspan="2">②</td></tr>
<tr><td colspan="2">③</td></tr>
<tr><td colspan="2">④</td></tr>
<tr><td colspan="2">⑤</td></tr>
<tr><td>예상 질문 및 예상되는 반론</td><td>답변 준비</td></tr>
<tr><td>①</td><td>①</td></tr>
<tr><td>②</td><td>②</td></tr>
<tr><td>③</td><td>③</td></tr>
<tr><td>④</td><td>④</td></tr>
<tr><td>⑤</td><td>⑤</td></tr>
<tr><td>최종 결론
및
생각할 문제</td><td></td></tr>
</table>

토론 준비 양식

<table>
<tr><td colspan="2">학과:　　　　학년:　　　　학번:　　　　　　성명:　　　　제출일:</td></tr>
<tr><td colspan="2">토론주제:</td></tr>
<tr><td>핵심 주장</td><td></td></tr>
<tr><td colspan="2">주장의 근거</td></tr>
<tr><td colspan="2">①</td></tr>
<tr><td colspan="2">②</td></tr>
<tr><td colspan="2">③</td></tr>
<tr><td colspan="2">④</td></tr>
<tr><td colspan="2">⑤</td></tr>
<tr><td>예상 질문 및 예상되는 반론</td><td>답변 준비</td></tr>
<tr><td>①</td><td>①</td></tr>
<tr><td>②</td><td>②</td></tr>
<tr><td>③</td><td>③</td></tr>
<tr><td>④</td><td>④</td></tr>
<tr><td>⑤</td><td>⑤</td></tr>
<tr><td>최종 결론
및
생각할 문제</td><td></td></tr>
</table>

토론 준비 양식

학과:	학년:	학번:	성명:	제출일:
토론주제:				

핵심 주장	

주장의 근거
①
②
③
④
⑤

예상 질문 및 예상되는 반론	답변 준비
①	①
②	②
③	③
④	④
⑤	⑤

최종 결론 및 생각할 문제	

토론 준비 양식

<table>
<tr><td colspan="2">학과:　　　　학년:　　　　학번:　　　　　　성명:　　　　　제출일:</td></tr>
<tr><td colspan="2">토론주제:</td></tr>
<tr><td>핵심 주장</td><td></td></tr>
<tr><td colspan="2">주장의 근거</td></tr>
<tr><td colspan="2">①</td></tr>
<tr><td colspan="2">②</td></tr>
<tr><td colspan="2">③</td></tr>
<tr><td colspan="2">④</td></tr>
<tr><td colspan="2">⑤</td></tr>
<tr><td>예상 질문 및 예상되는 반론</td><td>답변 준비</td></tr>
<tr><td>①</td><td>①</td></tr>
<tr><td>②</td><td>②</td></tr>
<tr><td>③</td><td>③</td></tr>
<tr><td>④</td><td>④</td></tr>
<tr><td>⑤</td><td>⑤</td></tr>
<tr><td>최종 결론
및
생각할 문제</td><td></td></tr>
</table>

책읽기, 나, 그리고 세상

발췌노트

책을
읽는다는 것

나라는 존재,
나의 욕망,
나를 둘러싼 관계

지금 여기,
우리가 함께
살아가는 사회

홍인숙

태학사

책읽기, 나, 그리고 세상

발 췌 노 트

학 과

학 번

이 름

제출일

발췌노트 쓰는 요령

1. 텍스트 속에서 자신이 인상 깊게 읽었거나 기억에 남는 대목 5줄 내외를 발췌하여 베껴 쓴다.

2. 그 대목을 발췌한 이유를 스스로 생각해 보고 5줄 내외로 설명해 본다.

3. 발췌한 이유를 쓸 때는 텍스트 외부적 맥락의 설명을 가능한 한 빼고 내부적 맥락에서 자신의 생각을 설명하도록 한다.

텍스트 외부적 맥락의 예: 자신도 비슷한 경험이 있음, 다른 책에서 본 적이 있음 등등.

텍스트 내부적 맥락의 예: 앞에 나온 ~한 대목의 구체적인 예를 알 수 있어서, 묘사가 충실해서, ~한 표현이 ~를 깨닫게 해서, 저자의 주장이 핵심적으로 드러난 부분이어서, 앞의 ~한 내용과 연결되는 부분이라서 등등

책읽기, 나, 그리고 세상

발췌노트

책제목	
발췌 대목 1	
발췌한 이유	

발췌 대목 2	
발췌한 이유	
발췌 대목 3	
발췌한 이유	

책 읽 기, 나, 그 리 고 세 상

발췌노트

책제목	
발췌 대목 1	
발췌한 이유	

발췌 대목 2	
발췌한 이유	
발췌 대목 3	
발췌한 이유	

책읽기, 나, 그리고 세상

발췌노트

책제목	
발췌 대목 1	
발췌한 이유	

발췌 대목 2	
발췌한 이유	
발췌 대목 3	
발췌한 이유	

책 읽기, 나, 그리고 세상

발췌노트

책제목	
발췌 대목 1	
발췌한 이유	

발췌 대목 2	
발췌한 이유	
발췌 대목 3	
발췌한 이유	

책 읽기, 나, 그리고 세상

발췌노트

책제목	
발췌 대목 1	
발췌한 이유	

발췌 대목 2	
발췌한 이유	
발췌 대목 3	
발췌한 이유	

책 읽기, 나, 그리고 세상

발췌노트

책제목	
발췌 대목 1	
발췌한 이유	

발췌 대목 2	
발췌한 이유	
발췌 대목 3	
발췌한 이유	

책 읽기, 나, 그리고 세상

발췌노트

책제목	
발췌 대목 1	
발췌한 이유	

발췌 대목 2	
발췌한 이유	
발췌 대목 3	
발췌한 이유	

책읽기, 나, 그리고 세상

발췌노트

책제목	
발췌 대목 1	
발췌한 이유	

발췌 대목 2	
발췌한 이유	
발췌 대목 3	
발췌한 이유	

책 읽기, 나, 그리고 세상

발췌노트

책제목	
발췌 대목 1	
발췌한 이유	

발췌 대목 2	
발췌한 이유	
발췌 대목 3	
발췌한 이유	

책읽기, 나, 그리고 세상

발췌노트

책제목	
발췌 대목 1	
발췌한 이유	

발췌 대목 2	
발췌한 이유	
발췌 대목 3	
발췌한 이유	

책 읽기, 나, 그리고 세상

발췌노트

책제목	
발췌 대목 1	
발췌한 이유	

발췌 대목 2	
발췌한 이유	
발췌 대목 3	
발췌한 이유	

책 읽기, 나, 그리고 세상

발췌노트

책제목	
발췌 대목 1	
발췌한 이유	

발췌 대목 2	
발췌한 이유	
발췌 대목 3	
발췌한 이유	

책읽기, 나, 그리고 세상

발췌노트

책제목	
발췌 대목 1	
발췌한 이유	

발췌 대목 2	
발췌한 이유	
발췌 대목 3	
발췌한 이유	

책읽기, 나, 그리고 세상

발췌노트

책제목	
발췌 대목 1	
발췌한 이유	

발췌 대목 2	
발췌한 이유	
발췌 대목 3	
발췌한 이유	